노인을 위한
나라

노인을 위한 나라

위명우 희곡집

제가 체크를 하면 저에게 무엇을 해줄 수 있습니까?
하늘을 날게 해드릴 겁니다.

하늘을 날 수 있게 해드리고 싶어요.

바른북스

목차

등장인물

노인 성준의 아버지

성준 노인의 아들

지숙 성준의 처

핼퍼 성안 센터의 관리자

도브 성안과 밖에 정책과 소식을 전하는 앵커

여인 성 밖의 여인

국청 성 출입국 직원

지나가는 여인 외 군인들 3명

노인을 위한 나라

1막

1장. 성 밖 거리

황량한 거리. 사람들 여기저기 모여있다.

성준 그 사이를 식탁을 짊어 메고 지숙과 함께 지나간다. 그 뒤를 쫓던 노인 한눈을 팔고 성준을 놓친다.

노인   성준아~ 성준아~ 뭐 이리 사람들이 많대? 장이라도 섰나? 참 옛날얘기다. 옛날얘기야. 그건 그렇고 얘가 어디 간 거야 성준아.

노인 성준을 찾아 헤매다 지나가는 여인에게 말을 건다.

노인 참하다 참해.

이리 와봐.

몸은 건강하지? (이리저리 살피며) 아픈 데는 없고? 결혼은?
아니지 벌써 했을 리가 없지. 어때? 우리 아들이랑 한번
만나볼 테야?

여인 이상한 시선으로 노인을 본다.

성준 노인이 뒤따라오지 않음을 발견하고 헤매다 노인을 찾는다.

성준 아버지, 아버지 여기서 또 뭐 하시는 거예요. 항상 같이
있어야 한다니까요.

저만 보고 다니시라니까요.

노인 널 봤지. 그러다 다른 것도 봤지. 근데 이놈아 나만 널 보
고 댕기냐?

너도 날 보고 댕겨라. 얼마나 찾아 헤맸는데.

성준 이분은 또 누구세요?

노인 누구긴 누구야 네 색시 후보감이지.

성준 아~ 또. 죄송합니다. 저 그게 그러니까……. 무척 아름다
우시지만 저는 결혼했습니다.

죄송합니다.

성준 여인에게 미안한 표정과 몸짓으로 실례를 넘어가 달라 표

현한다.

성준   어디서 오셨어요? 아니, 어디로 가시는 길이었나요?
      (속삭인다.) 저희 아버지가 조금 편찮으셔서……. 죄송합니다.

여인 노인과 성준을 이상한 눈으로 흘기며 가던 길을 간다.

성준   아버지 저 결혼했잖아요. 이제 좀 그만하세요.
노인   결혼했어? 나한테 말도 안 하고 결혼했어?
성준   무슨 소리예요. 연애할 때부터 아버지가……. 며느리를
      얼마나 챙겼는데요.
      어쨌든 우리 물건도 다 팔았으니 돌아가요. 지숙아 이쪽
      이야 찾았어! 여기.

지숙 돈주머니에 돈을 챙기며 들어온다.

지숙   아버님 진짜. 저만 보고 다니시라니까요.
      이러시면 이제 밖에 안 나와요. 울고불고해도 상관없어.
      가두고 나올 거야.

노인 성준 뒤로 숨는다.

노인	참하다 참해.
	몸은 건강하지? 아픈 데는 없고? 결혼은? 아니지 벌써 했을 리가 없지. 어때? 우리 아들 한번 만나볼래? 아니다 됐다 넌 됐어.
성준	하, 참.
지숙	제가 미쳤어요? 이놈에 집구석에 들어온 게 잘못인데.

성준 지숙을 말린다.

성준	여보 그래도…….
노인	어, 그래 짝을 잘 알아보네그려. 허허허.
성준	아버지 그러니까 이게……. 여보, 부탁해.
지숙	네 네. 안녕하세요. 오늘부터 식탁도 없이 바닥에서 식사하게 된 오지숙이라고 합니다.
성준	미안해…….
지숙	미안하긴 뭐가 미안해 한두 번도 아니고. 우리 만나볼래요? 같이 가시죠?
성준	어? 어, 어……. 네 그럽시다. 어서 갑시다. 아버지 빨리 가요.
노인	허허허 그래그래 가. 난 내 갈 길 갈 테니까.
성준	가긴 어딜 가요. 저희 잘 보고 오세요. 아니 잘 보이게 이리 오세요.

지숙　　자 이렇게 손을 묶고 (스카프로 노인의 손목을 묶는다.)

　　　　내 손에도 묶으면 다신 잃어버릴 일 없을 거예요. 가시죠.

성준　　어……. 그래.

　　　　노인 다른 곳으로 가려 하나 손이 묶여 끌려간다.

　　　　상수로 세 명 퇴장.

2장. 성 밖 성준의 집

　　　　9시 뉴스.

앵커　　안녕하십니까. 소식 전달자 도브입니다.

　　　　우리들의 성이 세워진 지 9년입니다. 축하의 뜻으로 성

　　　　밖의 사람들에게도 정부지원금이 지급될 예정입니다. 오

　　　　늘 저녁 7시 이후 계좌를 확인해 보시길 바랍니다.

　　　　BX9님의 연설을 간략하게 전달하겠습니다. 우리의 성은

　　　　인류를 지키기 위한 최후의 선택이며 여러분들의 선택

　　　　으로 앞으로도 많은 것들을 누리며 행복할 것입니다. 로

　　　　봇들이 90% 이상 일 처리를 하고 있으니 여러분들은 노

　　　　는 일만 하시면 됩니다. 우리가 행복해야만 우리 성의 위

　　　　상이 설 것입니다. 충분히 즐기고 만끽하십시오. 또한, 성

밖의 사람들은 하루빨리 본전치기라도 하여 성에 입성하였으면 하는 마음이 간절합니다. 둘이 만나 하나를 출산하면 손해입니다. 둘이 만나 하나도 없으면 이건 국가에 대한 반역입니다.

여러분들은 빨리 분발하여 인구를 늘려야 합니다. 출산만 하면 성에 입성하여 국민연금으로 평생을 일 안 하고 살 수 있습니다.

노인은 귀찮은 듯 TV를 끄고 자리에 앉아 상자를 가지고 아이처럼 놀고 있다.

성준과 지숙 분주하다.

노인   나의 살던 고향은 꽃 피는 산골 봉숭아꽃 살구꽃 아기 진달래

성준   여보 양말 못 봤어?

지숙   아버님 양말이요.

노인   여기 받아라. 감자. (박스에서 양말을 꺼내 지숙에게 준다.)

지숙   여기. (양말을 받아 건넨다.) 이번에도 안 되면 나 진짜 못 살아. 내가 나가든 아버님이 나가든 하는 거야.

노인   네가 나가 이년아 내 집이야 내 집. 어디서 망할 년이 집 구석에 들어와서는.

지숙	욕하지 말라 그랬지……. 요 (노인 성준 뒤로 숨는다.) 서류는?
성준	어? 어 챙겼어. (서류 가방에서 잘 챙겼는지 확인 후 내려놓고 양말을 신는다.)
지숙	이번엔 꼭 되겠지? 내가 장터에서 들었는데.
성준	또 그 얘기야?
지숙	우리도 그냥 눈속임하고 성으로 들어가는 게.
성준	그럴 돈이 어디 있어? 확실한 것도 아니면서. 그리고 그런 다음에는 어떡해?
	될 거야, 잘될 거야.
지숙	그래……. 이번에 서류만 통과하면 성으로 가서 아버님도 치료받고……. (노인과 눈 마주치며 웃는다. 노인 다시 숨는다.) 다시 일도 할 수 있을 거야. 우리도 이제 숨 좀 쉬고 살자. (노인 서류 가방을 박스와 섞는다.) 안 돼! (노인 서류 가방을 다시 놓는다.)
성준	다 잘 될 거야. 오늘 저녁에 뭐 먹을까? 여보가 먹고 싶은 것 정해.
지숙	식탁도 없이 바닥에서……. 참나, 아무거나 먹어 우리가 뭐 넉넉히 먹을 돈이나 있어?
성준	저기 식탁 있잖아. (상자를 가리키고 멋쩍은 웃음) 오늘 보조금 들어온다잖아. 당신 고생하니까 먹고 싶은 것 먹자 오늘은.
지숙	하루 살고 죽을래? 됐어 감자 쪄놓을 테니까 일이나 잘 처리하고 와.
성준	그래……. 이거 되면……. 그때 먹자.

노인 감자, 고구마.

지숙 혹시 모르니 서둘러 출발해.

성준 어, 그래 그럼 갔다 올게.

노인 잘 가.

지숙 잘하고 와. 이번이 마지막이다 생각하고.

성준 나간다.

노인 나 밥 줘. 밥 먹고 일하러 가야 해.

지숙 뭐라는 거야, 감자 쪄줄 테니까 (노인이 가지고 놀던 장난감을 밟는다.) 아얏!

아 진짜, 씨……. (노인의 머리에 상자를 씌운다.) 우리 식탁 가지고 놀지 말고! 후…….

우선 여기 빨리 치워요.

노인 네가 치워. 나 감자 캐야 해.

지숙 휴……. (노인 머리의 박스를 빼자 눈을 질끈 감고 있는 노인) 참자 참아…….

쿵쿵 (냄새 맡는다.) 잠깐만 이게 무슨 냄새야 하, 나 참 하루에 한 번만 싸라니까.

노인 그게 내 마음대로 되는 거면 난 하늘을 날 거야 날고 싶어.

지숙 하늘이고 나발이고 빨리 씻고 갈아입읍시다. 여기저기 묻히지 말고.

노인   놔 이년아.

지숙   자꾸 움직이면 묻는다니까 빨리 와요.

노인   난 하늘을 날 거야. 그게 내 꿈이었어.

지숙   자꾸 이러면 밥 안 줄 거예요.

노인   안 먹어 이년아.

지숙   하……. 좋아, 좋아 자. (어부바 자세를 취한다.)

노인   우혜혜혜혜혜 난 기저귀 있는 곳으로 날아갈 거야~

노인 지숙 등에 업힌다.

지숙   으악.

지숙 노인을 업고 퇴장.

3장. 성 출입국청

성준   요청하신 서류입니다. 지정 병원에서 검사한 거고요. 여
        기 의사 소견서입니다.
        저희는 안 갖는 게 아니라니까요? 못 갖는 겁니다. 지금
        이대로면 뭐 죽으라는 겁니까?
        도대체 뭐가 문제입니까?

국청   불임일 이유가 없는데 안 생기는 게 문제입니다. 인구감소로 인해 결혼 후 7년까지 자녀가 생기지 않으면 이후로는 국민연금을 지원을 해드릴 수 없습니다. 이게 법입니다. 다음 달이 딱 7년이네요.

성준   다른 방법은 없습니까? 이제 집에 갖다 팔 물건도 없습니다. 앞으로 살길이 없어요. 뭐 애 없으면 다 굶어 죽으라는 겁니까?

국청   성 밖에 넓은 땅에서 다들 감자 먹으며 삽니다. 그런 사람이 한두 명인 줄 알아요?

성준   아니 이게 제 잘못입니까? 누군 낳기 싫어서 안 낳아요? 그리고 세금, 세금은 다 어쩐 겁니까? 네?

국청   세금이요? 저희 세금 안 걷은 지 5년이 넘었습니다. 로봇들이 다 일하는 세상에 뭐 일을 해야 돈을 받고 세금을 내지요. 감자 캐는 건 본인들이 드시는 거고. 뭐 안타까운 사정은 잘 알겠으나 어쩝니까? 정책인데. 새로운 정책이 나오길 감자 캐며 기다리시든가, 마음 고쳐 드시고 당당히 자녀 낳고 연금 받으며 성으로 입성하시든가. 다음 분.

성준   저 이렇게 집에 가면 쫓겨나요. 어떻게 안 됩니까? 네? 집에 가면 아버지와 집사람을 어떻게 봅니까?

국청   다시 말씀드리지만 사정은 알겠어요. 근데 어쩌겠습니까? 저는 서류만 봅니다. 네?
아이를 가졌다는 기본 확인서류요. 네? 다음 분.

성준   하……. 참 나…….

       성준 퇴장.

4장. 성 밖 성준의 집

노인   망할 년 네가 내 감자 다 숨겼지? 어디다 뒀어? 어?
       어디다 뒀냐고!
지숙   감자 타령 그만해요. 안 그래도 감자만 먹어서 힘도 없으
       니까.
노인   그게 누군데 이년아.
       망할 년 헛소리하지 말고 내 감자 내놔!

       지숙 노인을 피해 도망 다닌다.

지숙   오늘 당신 아들이 뭐 사 올지도 몰라. 나도 감자 말고 다
       른 걸 먹고 싶다고.
노인   당장 거기 서!
지숙   곧 올 거야 곧.

       지숙 머리채를 잡힌다.

노인	내놔 내 감자.
지숙	아악 놔, 놔. 이거 안 놔.

성준 들어온다.

성준	뭐 하시는 거예요?
노인	아들. 아들 왔어? 이 년이 내 감자를 모조리 치웠어.
성준	우선 놓고 얘기해요, 놓고.

지숙 노인의 팔을 비틀어 잡힌 머리채를 푼다.

지숙	뭐래? 연장된대?
노인	빈손이잖아. 빈손.
성준	안 된대. 검사 결과 불임일 이유가 없대.
	아무리 말해도 안 통해. 우리가 일부러 안 갖는 줄 알아.
지숙	환장하겠네 뭔 감자만 먹고 밤에 힘을 쓰래.
	저 노친네는 나날이 숨통을 조여오고. (지숙 배에 널브러진 옷을 넣는다.) 배에 이런 거라도 넣고 다시 가볼까?
성준	그리고……. 다음 달이면 우리 국민연금도…….
지숙	뭐? 또 줄어들어? 아니 해마다 줄면 뭐 어쩌자는 거야.
성준	그게 아니라 지원이 없어진대.
지숙	무슨 소리야? 아예 안 나온다고?

성준	방법은 빨리 2세를 갖는 방법밖에 없어. (지숙 배에 있는 옷가지를 꺼낸다.)
	아이를 가졌다는 확인서가 필요하다고.
지숙	맨날 감자만 먹고 뭔 힘이 있다고 할 힘은 있냐?
	그리고 저 노친네 24시간 저렇게 붙어 다니는데 집중이 되냐고.
	이 좁은 방에서 뭘 어떻게 하란 거야.
노인	감자 캐 이년아.
성준	여보, 여보.
지숙	감자 캐는 게 뭔지 보여줘 정말!!!
성준	참아, 참아.
지숙	내가 못 살아 정말 이놈의 집구석.

5장. 성 밖 성준의 집

성준 앉아서 생각에 잠겨있고 노인 박스를 가지고 놀고 있다.
지숙 감자를 캐다 온 모습으로 급하게 들어온다.

지숙	여보 나 할 말 있어. 여보!
성준	어? 어……. 미안 뭐라고 했지? 감자는 잘 캤어?
지숙	내가 윤정이한테 들었는데……. 이리 좀 와봐.

노인을 위한 나라

성준   어, 내 차례지? 그래 줘. 내가 캐올게.

지숙   그게 아니라.

노인   넌 맨날 감자만 캐냐? 고구마도 있을 거 아니야.

지숙 감자 하나를 던져준다. 감자를 받고 혼자 노는 노인.

지숙   아버님 말이야 치매를 고칠 방법이 있대.

성준   무슨 소리야?

지숙   왜 성에서 동쪽으로 가다 보면 2구역 있잖아 거기서 여러
        실험을 진행하는데 그게 성공했나 봐 실험 내용이 노인
        들의 치매를 고치는 거였대.

성준   거긴 성안 쪽 사람들도 못 가는 곳인데 우리가 어떻게 가.
        우리한테도 기회가 올까?

지숙   나한테 좋은 생각이 있어 내가 들은 정보가 있다고.

성준   좋은 생각? 정보?

지숙   성공은 했는데 임상실험이 더 필요한가 봐. 분명 실험 대
        상자가 많이 필요할 거라고.
        그러니 그쪽에 아버님을 넘기는 건 어때?

성준   뭐? 무슨 소리야 아버지를 팔자라는 거야?

지숙   팔다니 무슨 말을 그렇게 해 그런 게 아니라 아버님의 병
        을 고치자는 거야.
        생각해 봐 우리 결혼 초만 해도 저렇게까지는 아니셨어.

정신이 없는 삶이 행복하겠어? 나 기억도 못 하잖아. 여보도 못 알아본다니까. 점점 심해지고 있어…….

성준 임상실험이란 게……. 잘못되기라도 하면…….

지숙 잘못되긴 뭐가 잘못돼. 2구역에서 실패하는 거 봤어? 아버님도 나중엔 분명 좋아하실 거야.

성준 성공하는 건 뭐가 있었나……. 아버지를 넘기자고…….

지숙 내가 더 알아보고 올게. 다 우리를 위한 거야. 그리고 우리 밤도 뜨거워질 수 있을 거야.

성준 (키스하려는 지숙을 외면하며) 그런 말 다시는 하지 마.

지숙 됐다, 됐어. 안 해 안 한다고.

성준 어디 가?

지숙 가만히 있으면 감자가 나와? 당장 다음 달인데? 살길 알아보러 간다. 왜?

지숙 퇴장.

노인 고구마 가져와 이년아.

성준 노인을 한참 바라본다.

성준 아버지 저 누군지 알죠?

노인 뭐 인마?

노인을 위한 나라

성준   제가 누구예요?

노인   누구긴 누구야 내 아들이지.

성준   맞아요. 죄송해요. 순간 잘못된 생각을 했네요.

성준 아버지를 안는다. 노인 등을 토닥인다.

노인   많이 힘드냐? 무슨 잘못된 생각을 했는데 이리 슬퍼하는
        거야. 내가 또 이상한 짓을 했나 보네.

성준   아니에요. 아버지 때문이 아니에요.

노인   근데 왜 그래?

성준   저 땜에요.

노인   너 땜에? 왜?

성준   그냥……. 전부 다요.

노인   사는 게 쉽지 않지? 그래도 끝까지 해보는 게 살아간다는
        거야.
        네가 올해 몇 살이냐?

성준   갑자기 나이는……. 36이요. 시간 빠르네.

안고 있던 성준과 노인 나란히 앉아 얘기한다.

노인   나는 올해 몇이냐?

성준   아버지요? 30에 늦둥이로 저를 낳았다 하셨으니 66이시

네요.

노인   너 운전할 줄 알지?

성준   그럼요. 지금은 다 팔아서 그렇지 예전에 아버지가 알려
　　　　주셨잖아요.
　　　　참, 옛날 생각난다. 왜 저 어릴 때 아버지랑 수산시장 간
　　　　다고 바다 쪽 찾아 헤매다 결국 시장에서 고등어 두 마리
　　　　사 갔었잖아요. 그날 엄마한테 엄청 혼났는데.

노인   그래, 그래. 나도 생각난다. 수산시장 간다더니 고작 고등
　　　　어 두 마리냐고 허허허.
　　　　성준아 살아간다는 건 말이야 차를 타고 달리는 거야.
　　　　목적지가 바뀔지 모르지만 그래도 그냥 그곳까지 가는
　　　　거야. 네가 정한 거니까.
　　　　그러다 도착한 곳이 바뀌더라도 바뀐 곳이 목적지가 되
　　　　는 거고. 우선 달리는 게 중요한 거야. 멈추지 마. 그게 인
　　　　생이란다.

성준   아버지 갑자기 그런 말을 왜 해요.

노인   성준아. 이 세상에 정답은 없어. 끝까지 살아남아 스스로
　　　　의 답을 정답으로 만드는 게 인생이란다. 죽으면 답을 못
　　　　보잖아? 뭐가 그리 겁나냐? 36킬로미터가.

성준   네?

노인   겁내지 마. 넌 네 인생에서 36킬로미터로 달리는 거야.
　　　　36킬로미터면 사고가 나도 안 죽어. 아플지는 몰라도.

　　　　　　　　　　　　　　　　　　　　　　노인을 위한 나라

	난 지금 66킬로미터거든? 내 인생에서 말이야.
	66킬로미터면 이제 위험해. 사고 나면 다치거든 그래서
	새롭게 시작하는 게 어려워져.
	결심을 내리기도 쉽지 않지. 변화가 두렵다고. 알아들어?
성준	네…….
노인	차랑 사람이랑 비슷한 게 망가지면 고쳐 쓰면 되지만, 너
	무 오래되면 바꿔야 한다는 거야. 하는 일 없이 기름만 많
	이 먹거든. 하는 일 없이 감자만 축내는 나와 같구먼…….
	늙으면 죽어야 하는데…….
성준	하는 일이 왜 없어요. 아버지도 감자 캐시잖아요. 그런 말
	씀 하지 마세요.
노인	미안허다. 참……. 살아간다는 것이…….
성준	그만하시라니까요.
노인	하늘을 나는 새가 되고 싶어. 누구한테도 짐이 안 되고 어
	디든 갈 수 있지 않냐.
	자, 받아라.

노인 종이에 감싸둔 반지를 꺼낸다.

성준	이거……. 엄마 반지잖아요.
노인	그래, 우리 결혼반지지. 힘들 때 물건 다 팔았어도 내가
	그것만큼은 숨겼지. 받아라.

성준 아니에요. 아버지가 가지고 계세요. 저 못 본척할게요.
      그리고 이상한 소리 좀 하지 마세요.
노인 하루가 다르게 정신이 없어져 내가.
      괜히 가지고 있다가 잃어버리느니 네가 간직하렴. 유용
      하게 쓰일 때가 있을 거야.
      그러라고 네 어미 반지가 지금까지 버텼나 보다. 자 받아
      라. 어서.

      성준 반지를 받는다.

노인 내가 한 말 잊지 말어.
성준 또 이상한 소리.

      성준 아버지를 안는다.

노인 놔 이놈아. 아이구구. 뭐 하는 거여?
성준 잘못했어요.
노인 그래그래, 알았다 알았어. 이제 이거 놔.
성준 네, 네 다시는 그런 상상하지 않을게요.

노인 도대체 무슨 상상을 했기에…….
      근데 이놈아 넌 누구길래 내 아들은 어디 가고 네가 온

거여?

가만 보자 너 뒷집에 봉식이냐? 우리 아들 장가보내야 하
는데…….

세상이 어찌 돌아갈라고……. 넌 장가갔냐?

성준   아버지…….

노인   아버지? 이런 염병할 놈 누가 네 애비여 어? 우리 성준이
어디 갔어? 성준이.

성준   저요. 저 여기 있잖아요.

노인   비켜 이놈아 우리 아들 장가보내야 해. 몸 건강한 여자가
최고여.

성준   어딜 나가세요. 이리 오세요.

노인   네놈이 뭔데 어딜 나가든 말든 지랄이여 지랄이 이거 안 놔?

성준   나가지 마시고 여기서……. 여기서 하늘 나는 연습해요.

노인   하늘을 날아?

성준   그럼요 아버지는 항상 하늘을 날고 싶어 하셨잖아요.
이곳저곳 자유롭게 어디든 다니고 싶다고…….

노인   그려……. 난 날고 싶어. 하늘을 나는 새들을 보면 그렇게
부러울 수가 없지.

성준   자, 이리로 오세요.

성준 어부바 포즈를 취하자 노인 등에 업혀 양손으로 날갯짓을
한다.

집 안 이곳저곳을 날갯짓하며 돌아다닌다.

6장. 성 밖 성준의 집 침상

노인, 성준, 지숙 나란히 누워있다. 노인의 코 고는 소리가 들린다.

지숙   안자고 뭐해?

성준   어? 어……. 그냥.

지숙   다음 달이 오기 전에 뭐든 해야 하는데……. 내가 윤정이
        한테 들었는데…….
        우리 모아놓은 돈 없지?

성준   당신이 가지고 있잖아. 그게 전부지.

지숙   아니, 뭐 꼼쳐놓았던 거라도 없어?

성준   그런 게 어디 있어.

지숙   어휴. 뭘 바꾸고 시도하려 해도 돈이 필요하네. 돈이. 에
        잇, 이놈의 집구석.

        잠시 정적.

성준   아버지 말이야. 아버지 정신을 치료할 수 있다는 거.

지숙 벌떡 일어나 앉아 속삭이듯 이야기한다.

지숙   아버님 정신. 치료할 수 있지.
       그리고 돈도 준다잖아. 다음 달부터는 지원금도 안 나오
       잖아.

성준 일어나 앉아 속삭이듯 이야기한다.

성준   그게 가능할까? 그래도 아버지를…….
지숙   나는? 나는 뭐 아버님이 싫어서 그래? 우리 결혼 전에 나
       아버지 없다고 응? 이제부터 내가 네 친아버지라 생각해
       라 하며 안아주셨을 때 내가 얼마나 울었는지 알아? 나도
       우리 아버지 행복했으면 좋겠어. 근데 이건 아니잖아. 제
       정신이 아닌데 우리가 아무리 잘한다 한들 기억도 못 하
       는데. 그리고 이게 잘하는 거냐? 맨날 감자만 먹이는 게?
       오히려 난 이게 최선의 방법이라 생각해. 거기 가면 치료
       해야 하는데 감자만 주겠어?
       그깟 돈 때문이 아니야. 다 아버님을 위하고 우리를 위한
       거야.
성준   아버지를 위하고 우리를 위한…….

성준 노인을 바라보며 생각에 잠긴다.

지숙	내가 아까 또 알아봤는데 웃돈 주면 더 넓은 땅에서 감자를 심을 수 있나 봐.

지숙　내가 아까 또 알아봤는데 웃돈 주면 더 넓은 땅에서 감자를 심을 수 있나 봐.

아버님 치료받으러 가시면 돈도 준다니까 함께 감자 캘 수 있잖아. 그럼 감자로 우리 팔았던 식탁이며 의자며 침대며 다시 되찾을 수 있어. 이건 우리 모두를 위한 거라고.

성준　모두를 위한 거라면…….

지숙　뭐야, 오케이 한 거야?

성준　오케이가 아니라…….

지숙　왜 이렇게 우유부단해? 당신은 이 집안을 책임져야 해. 가장이라고. 뭐 어쩌라는 거야? 매번 흐르는 대로 두지 말고 선택을 해. 뭐든 해보자고.

성준　어, 어……. 그래…….

지숙　그래, 잘 생각했어. 나도 아버님을 위해 노력 중이야 뒷돈 주고 2구역에 모셔다만 드리면 된대. 아버님 잠든 것 같은데 이리와. 응? 걱정 말고 잘될 거야, 이리와. 혹시 알아? 생길지? 어서.

지숙 성준과 이불을 덮는다.
노인 벌떡 일어나 앉는다.

지숙　꺄~

성준　으악……. 아휴 놀래라. 안 주무셨어요?

　　　　　　　　　　　　　　　　노인을 위한 나라

노인   속닥속닥하는 게 뭔 일을 벌이고 있는 거야?

성준   아니……. 저……. 그게.

지숙   들으셨어요?

노인   그럼, 다 들었지. 나 빼고 감자 먹으려는 거야?

지숙   아니, 하……. 감자 안 먹어요. 빨리 잠이나 주무세요.

노인   안아줘 따듯하게. 안아줘야 잠을 자지.

성준   네, 네. 알겠어요. 이리 오세요. 아버지. 여보, 나 못해. 그 애기 하지 말자.

성준 노인을 안고 눕는다.

지숙   효자 났네. 효자 났어. 참나. 내가 먼저 꺼냈냐? 네가 먼저 꺼냈지?

혹시나 했다 혹시나 했어. 어휴. (깊은 한숨)

성준 돌아눕는다.

지숙   그래 그게 당신 매력이다. 내가 미쳤지 미쳤어. 나도 다 생각이 있어 생각이 있다고.

(돌아누우며) 잠이나 잡시다.

7장. 성 밖 성준의 집

성준 이부자리 앞에 앉아있다.

밖에서 문 두드리는 소리가 난다. 쿵쿵쿵.

지숙   아침부터 누구야.

성준   그러게…….

지숙   어머, 놀래라 언제 일어났대.

성준   잠이 안 와서…….

노인   안아 추워 아나, 아나.

성준   잠깐만요 아버지. 밖에 누가 왔나 봐요.

쿵쿵쿵. (문 두드리는 소리)

지숙   네 나가요. 내가 나가볼게.

여인 들어온다.

여인   아니 몇 번 쳤다고 문이 열리네. 안녕하세요.

지숙   어, 왔어?

성준   안녕하세요. 누군가 했네요.

여인   어머, 아직까지 잠자리시네. 힘이 좋으신가 봐.

노인을 위한 나라

지숙   뭐가 급하다고 아침부터.

       지숙 여인을 데리고 성준과 노인을 피해 한쪽으로 피해 대화하
       며 돈주머니를 넘긴다.

지숙   모아도 이게 다야. 그래도 우리 옛정을 봐서 부탁할게.

       여인 지숙이 건넨 돈주머니를 확인한다.

여인   이걸로는 힘들지 나도 알아보는데 힘들었어.
       어머, 아버님 안녕하세요. 저 누군지 아시죠? 아버님 이
       걸로는 힘들어요.
지숙   상황 알잖아. 갑자기 그런 돈을 어떻게 구해 저 사람은 도
       와주지도 않아.
노인   저건 또 뭔 고구마야.
지숙   여보 나 중요한 얘기 중. 잠깐 자리 좀 비켜줘요.
성준   아버지 이리 오세요. 우리 감자 먹으러 가요.

       성준 아버지를 모시고 주방으로 나간다.

여인   고, 고구마? 하 참 아침부터 기분 상하네, 이거.
지숙   점점 더 심해지셔 우리에게 꼭 필요해.

여인	아니, 그래도 연결책을 확실히 하려면 그쪽에 돈을 보내
	야 한다니까 이게 나한테 주는 거야? 그쪽에 주는 거라니
	까. 그리고 나도 법을 어겨가며 이러고 있는데 이걸로는
	택도 없어. 쿵쿵 이게 무슨 냄새야? 아침부터 감자 쪄?
노인	봐 이놈아. 넌 누군데 나한테 감자를 먹으라는 거여?

노인 주방에서 뛰쳐나온다. 손에는 똥이 잔뜩 묻어있다.

여인	어머, 어머머머 뭐야, 저거 이제 똥칠까지 하나 봐.
지숙	아버님! 아휴, 내가 못 살아 정말.

노인을 따라 들어온 성준. 얼굴에는 똥이 묻어있다.

성준	아버지 저 성준이에요.

노인	웃기는 소리 하지 말어. 니들 나 잡아갈라 그러는 거지?
	어제 다 들었어. 내 아들, 우리 아들 성준이 어디 갔어? 성
	준아. (지숙과 여인 쪽을 바라보며 성큼성큼 걷는다.)
여인	이쪽? 이쪽을 왜 봐요? 저기 있잖아요. 여기 없어요. 워이~
지숙	그만. 자극시키지 마.
여인	워이~ 워이~ (손을 흔들다 멈춘다.)

노인을 위한 나라

노인 지숙과 여인을 멈춰서 바라보다 달려든다.

여인 엄마야, 이게 뭐야 저리 가! 오지 마, 오지 마.

지숙 그만. 그만하는 거예요. 아버님. 으아, 아아 그만.

지숙과 여인 달려드는 노인을 피한다.

지숙 아, 빨리 잡아 봐요. 여보! 내가 유인할게.

노인 성준이 어디다 감췄어. 어?

노인 도망 다니는 지숙을 쫓는다. 성준 노인의 뒤에서 잡는다.

성준 아버지 그만요. 그만 좀요.

지숙 그만, 그만. 그만.

노인 놔 이놈들아.

지숙 자 이제 그만요, 그만.

지숙 어부바 자세를 취하니 노인 흥분을 가라앉히고 지숙에게
업힌다.

여인 와 나 참 아침부터 대단한 구경거리를 봐버렸네 하이고
      야······.

| | 언니 나 가요. |
| 지숙 | 아니, 아직 얘기 중이었잖아, 잠시만. |

지숙 노인을 업고 화장실로 퇴장.

| 여인 | 아니야, 됐어, 됐어. 여기, 여기다 놓고 갈게 이걸로는 택도 없고 큰일 나겠어 아주. |

여인 바닥에 지숙에게 받았던 주머니를 놓는다.

성준	잠깐만요.
여인	왜요? 왜요? 알았어요, 알았어. 못 본 걸로 해줄게요.
성준	그게 아니라…….
여인	나 참 이건 또 언제 봤대.

여인 감추어 두었던 돈을 주머니에 돌려놓고 나가려 한다.

| 성준 | 잠깐 기다려요. |
| 여인 | 왜요? 없어요. 진짜 없어요. 왜 이리 의심이 많아요? |

성준 노인에게 받은 어머니의 반지를 꺼내 든다.

노인을 위한 나라

성준   이거면 될까요?

여인   아니 뭐 이게 뭔데요 네? 이 집구석은 아침부터 아주 시
끌벅적. 어머, 금반지네.

여인 입으로 깨물어 본다.

성준   이게 우리가 가진 전부입니다.

여인   이 정도면 되고말고요. 내가 목숨 걸고서라도 알아볼게
요. 아니 무조건 해 무조건.
아주 아침부터 별의별 일을 다 보다 금반지까지 보게 되네.

성준   언제…….

여인   오늘 밤 자정.

성준   오늘 밤 자정이요?

여인   네 다들 잠들었을 때. 절대 아무도 모르게.
중범죄이니 조심히 오늘 밤 자정에 그곳에서 봐요.

성준   네…….

여인 나간다.

성준   잘……. 부탁드립니다.

허리를 굽힌 채 멈추어 있다. 지숙 들어온다.

지숙   왜 그러고 있어요. 다 들었어요? 뭐래요? 그걸로는 택도
       없다지?

성준   오늘 밤 자정.

지숙   네?

성준   그곳에서 보자던데.

지숙   아이고, 아이고. 휴……. 상황을 보니 돕고 싶어졌나 보
       네.

성준   그게…….

지숙   걔가 나 어릴 때부터 따랐던 애라니까. 참 고맙네. 다행
       이야.

성준   그래. 다행이다.

지숙   내가 다녀올 테니 걱정 말고 기다려요.

8장. 성 밖 성준의 집 침상

성준 노인 지숙 나란히 누워있다. 성준 일어나 앉으며 속삭인다.

성준   아버지. 아버지.

노인을 위한 나라

조심스레 노인을 흔들어 깨운다.

노인   아나, 아나.

성준   쉿……. 아버지 안아드릴게요. 일어나 보세요. 우리 어디

        가야 해요.

노인   응?

성준   쉿…….

속삭이듯 대화한다.

노인   어디가? 나도?

성준   네. 가요 좋은 데 갈 거예요.

노인   감자 캐러?

성준   아니요. 더 좋은 데요.

노인   우리 둘만?

성준   네. 둘만.

노인   추운데 어딜 가? 나 안 가.

성준   오늘 왜 이래요. 항상 나가고 싶어 했잖아요.

노인   그거야 우리 아들 찾으려 그랬지.

성준   그래요, 그래. 아들 찾으러 가요.

노인   무슨 소리야? 내 아들 여기 있는데.

성준   네?

노인   네 처랑 가. 난 집 보고 있을게.

성준 노인의 팔을 잡고 노인을 빤히 바라본다. 무언가 결심한다.
노인을 일으켜 세우고 사람이 누워있는 듯 이부자리를 빠르지만
조심스레 정리한다.

노인   왜? 자다 말고 왜 그래?
성준   저랑……. 저랑 어디 같이 좀 가요.
노인   내가 요즘 자꾸 왔다 갔다 해서 나가기가 두려워. 길 잃을
       까 봐.
성준   이거 묶고 가면 돼요. 이리 오세요.

성준 노인을 묶던 머플러를 꺼낸다.

노인   그게 뭐야?
성준   이럴 시간 없어요. 자, 가요.

성준 머플러를 흔든다.

노인   아니 어디 가려고 그래 이 밤중에. 안 가.
성준   저도 제 인생에서 달려보려고요. 너무 지체되었어요. 나
       중엔 더 겁이 나 못 할 것 같아요. 목적지가 어디든 달려

볼래요.

성준 머플러를 노인 앞에서 더 흔든다.

노인 그래. 달려?

성준 네. 그곳이 어디든 달릴래요. 아버지가 말씀해 주셨잖아
     요. 새로운 시작 변화가 필요해요.

노인 난……. 날고 싶어.

성준 네 맞아요. 알아요.

노인 날아볼 테야. 새가 되고 싶어.

성준 노인의 손목과 자신의 손목에 머플러를 묶고 어부바 자세
를 취한다.

성준 가요 아버지.

노인 성준의 등에 업힌다. 성준과 노인 퇴장.
지숙 조심스레 일어난다.

지숙 여보, 아버님. 저 다녀와요. 우리 한번 해봐요.

지숙 퇴장.

9장. 성 동쪽, 서쪽

성준 노인을 업고 등장한다.

성준   휴……. 이제 거의 다 와가요.

노인   이제 내려도 돼.

성준   아니에요. 마음껏 나세요.

노인   다 날았어.

성준   마지막까지 업어드리고 싶어요.

노인   오늘이 마지막이냐?

성준 멈춰 선다.

노인   그러다 병난다. 이제 내리자.

노인 성준의 등에서 내려온다.

노인   어디냐? 우리가 갈 곳이? 내가 앞장서마.

성준   아버지.

노인   어디야? 이쪽이야?

성준   제가 누구예요?

노인   누구긴 누구야. 우리 아들 성준이지. 여긴 성에서 동쪽 아니냐?

성준	정신 돌아오신 거예요?
노인	응 그래, 아까부터. 여긴 출입하면 안 되는 곳 아니냐? 위험한 곳을 왜 온 거야?
성준	저도 뭐가 옳은지 모르겠어요. 하지만 멈추어 서지 않고 달려봐야겠다는 생각이 들었어요. 아버지가 말씀해 주셨잖아요. 그래서 결심하게 된 거예요.
노인	그래, 장하다 우리 아들. 행선지는 정했냐? 목적지는 어디야?
성준	이곳이요.
노인	그래…….

노인 성준의 팔에 묶인 머플러를 푼다.

| 소리 | 거기 누구야. 멈춰. 여긴 금지 구역이다. |

성준	죄송해요……. 아버지……. (성준 흐느낀다.)
노인	죄송하긴. 어서 가.
성준	아버지.…….
노인	조용히 해. 목적지는 달라질 수 있어. 멈추지 말고 다시 달려. 어서.

소리   움직이면 발포한다.

군인들이 다가오는 군화 소리가 점점 커진다.

노인   난 이제 자유로운 새야. 하늘을 나는 새.

탕탕탕. 공포탄이 발사되고 놀란 성준 눈물을 훔치며 달려간다.

노인   (흐느끼며) 멈추지 마러. 멈추지 마러.

군인들 노인에게 다가온다.
노인 성준이 나간 쪽을 보지 못하게 날갯짓을 하고 있다. 노인
한쪽 팔에 묶인 머플러가 하늘을 나는 듯하다.
군인에게 포위되었음에도 노인의 날갯짓은 더 커진다.
노인을 끌고 가는 군인.

반대쪽에서 지숙 등장.

지숙   나야. 어디야?
여인   언니?
지숙   어, 어디 있어?

여인 덜덜 떨며 숨어있다 나온다.

여인   그거 들었어? 총 소리지?

지숙   깜짝이야. 오다가 들었지 성 동쪽에서 나는 것 같던데.

여인   사람이 죄짓고는 못 사나 봐. 나 너무 놀랐잖아.

지숙   동쪽에서 총소리가 한두 번이야? 가져왔어?

여인   어, 여기.

여인 지숙에게 서류 봉투를 건넨다.

지숙   확실한 거지?

여인   아이고 내가 뭐 그런 걸로 언니 속일까 봐? 확인해 봐.

지숙 여인이 건넨 서류 봉투에서 테스트기와 서류를 확인한다.

여인   언니랑 같은 나이에 같은 혈액형. 다 맞아. 4주 차.

지숙   그래. 맞네. 4주 차.

여인   이렇게 해서 성에 들어가도 길어야 9개월인데 그다음엔
        어쩌려고.

지숙   우선 살아야지. 아버님만이라도 두고 나올 거야.
        우린 아직 젊으니 어떻게든 살 수 있어.

여인   난 절대 관련 없는 거야. 이제 볼일 없어 우리.

지숙   그래 고마워. 먼저 갈게. 볼일 없어 우리.

        지숙 퇴장.

10장. 성 밖 성준의 집 침상

성준 이부자리 밑에 멍하니 앉아있다.
지숙 들어온다.

지숙   여보. 일어났어? 나 다녀왔어요.

성준   (흐느끼며) 어디 있다 오는 거야?

지숙   왜 이래. 뭐야? 나 걱정한 거야? 약속 장소 다녀왔지. 잘
        해결됐어. 이제 우리도

성준   날 버리고 떠난 줄 알았잖아.

지숙   떠나긴 어딜 떠나. 같이 가야지. 오는 길에도 몇 번이고
        확인해 봤어. 확실히 두 줄이고 서류도 완벽해. 동트면 서
        류 챙기고 이거, 이거 챙겨서 다녀와요. (테스트기를 보여주고
        서류 봉투에 넣는다.) 우리도 이제 성에 들어갈 수 있어. 아버
        님 일어나 기전에 좀 더 눈 좀 붙여요.

        성준 노인이 누워있던 자리를 바라본다.

지숙   뭐야. 아버님은?

다 됐는데 어딜 간 거야? 어머, 아까 내가 나갈 때 밖에서 문을 안 잠갔네.

찾아봤어? 아버님은?

성준   성에 간다니? 무슨 말이야?

지숙   잘 해결됐다고. 약속 장소 가서 서류랑 테스트기 잘 받아 왔다니까.

성준   약속 장소?

지숙   이이가 왜 이래 충격이 안 가셨나. (속삭이듯) 오늘 자정 그곳!

성준   오늘 자정 그곳.

지숙   그래. 아휴, 이를 어째 하루라도 빨리 성에 가야 하는데.

성준   하하하하하, 하하하하하.

성준 슬프게 크게 웃다가 점점 더 커진 웃음으로 슬퍼한다.

지숙   감격의 눈물은 나중에 흘리시고요, 빨리 아버님이나 찾아봐요. 오는 길에도 없었는데.

내가 성 동쪽으로 가볼게 여보가 성 서쪽으로 가 봐요. 노인네 추운데 어딜 간 거야.

성준   아니야. 내가 동쪽으로 갈게. 여보가 왔던 길 쪽으로 찾는 게 더 빨라. 서쪽으로 가봐.

지숙   그런가? 아무튼 빨리 나가봐요. 그럼 내가 서쪽. 맞다, 동쪽에서 총소리 났으니 조심해야 해요.

지숙 퇴장.
성준 앉아서 서류 봉투를 바라본다.

성준   아버지. 아버지 말씀대로 달렸어요. 목적지가 바뀔지 모르지만 그래도 그냥 달렸어요. 내가 정한 거니까. 나 잘했죠? (흐느낀다.)
우선 달리는 게 중요한 거라 했잖아요. 멈추지 말라 했잖아요. 그게 우리가 살아간다는 거잖아요. (성준 슬피 운다.)
도착한 곳이 바뀌더라도 바뀐 곳이 목적지가 되는 거고.

1장. 성안 센터

간단하면서도 꼭 필요한 가구만 배치되어 있는 방.

미래적이나 메탈 분위기가 아닌 자연과 어우러져 있는 무대.

노인 깨끗한 하얀색 점프슈트를 입고 턱받이를 한 채 식사를 하고 있다.

이 모습을 지켜보고 있던 핼퍼.

핼퍼   잘하셨어요. 이제 턱받이 없이 식사하셔도 되겠는데요.

경이틀 만에 터득하다니 다른 분들보다 사흘 단축하셨네요.

어디 보자······. (차트를 살핀다.)

언어훈련도 표준 수치보다 빠르시네요.

이런 속도면 금방 "만남"을 가질 수 있을 거예요.

노인   "만남"을 위해서 하는 게 아닙니다. 저 때문에 세탁을 해야 하는 핼퍼님께 미안, 아니.

감사해서 그런 겁니다.

핼퍼   에이 또 그런 말씀 하신다. 제가 무한 감사드립니다. 407호님은 뭐든 습득하시는 게 빠르고 다른 사람 배려하는 게 너무 좋지만 "만남"을 꺼리시는 게 흠이에요.

노인   전 이곳이 편한데 꼭 만남을 통해 나가야 하는 겁니까?

그렇다면 빨리 습득하는 게 좋은 것만은 아니군요.

핼퍼   무슨 소리예요. 성은 얼마나 자유롭고 즐거운 일들로 가득 차있는데요.

성은 노인을 위한 나라예요. 평생 일하지 않아도 되고 웬만한 병은 다 고칠 수 있는 의료혜택, 거기다 "만남"을 통해 시부모 모시듯 충성하는 자식들과 함께 살 수 있는 완벽한 노인을 위한 나라라고요. 저도 어서 노인이 되었으면 좋겠어요.

노인   노인이 되길 기다려요?

핼퍼   네. 시간은 누구에게나 똑같이 흐른다. 돌아가신 어머님 말씀이세요.

그땐 저도 일도 안 하면서 평생 놀고먹을 거예요.

노인	그래도 사람이 일할 수 있을 때가 행복한 거 아닌가요?
핼퍼	네? 왜요? 일하는 게 뭐가 행복해요?
노인	누군가를 위해 해줄 수 있다는 거……. 자신의 몫을 책임
	진다는 거…….
핼퍼	407호님은 무슨 일을 하셨는데요?
노인	그게……. 그러니까……. 아이고야. (눈과 눈 사이의 콧대를 잡
	으며 찡그린다.)
핼퍼	억지로 기억하려 하지 마세요. 기억 안 나는 게 정상이에요.
	아직 문화적으로 습득 못 한 게 많아 겁이 날 수 있어요.
	두고 보세요. 교육이 끝나면 분명 407호님도 만남을 성사
	시키려 하실 거예요.
	그러려면 더 빨리 교육을 마쳐야겠는걸요.
노인	밖에서의 제 기억은 좋지 못한 것으로 가득 차있어요.
핼퍼	기억? 어떤 기억이요?
노인	아니 기억이 아니라 그……. 느낌이라 할까. (손목의 머플러
	를 바라본다.)
핼퍼	그런 느낌은 빨리 잊으셨으면 해요.
	자 여기요. (알약 두 알을 꺼내 내민다.)
노인	(알약을 받아들고) 보통 몇 번의 만남을 통해 나갑니까?
핼퍼	빠른 사람은 두 번 만에 나가는 경우도 있어요. 평균 세
	번 정도. 많게는 네 번이지요.
	만남을 통해 나갔다가 다시 돌아오시는 경우도 있고요.

노인 세 번……. 한 번에 나간 사람은 없네요?

핼퍼 뭐든 처음은 미숙하잖아요. 지금까지 처음에 나간 경우
는 없었어요.

처음은 기본적인 예의에 대한 만남이랄까?

대부분 패스하세요.

왜요? 한 번의 만남을 통해 나가시려고요?

조금 전 말씀하신 거랑 반대인데요. 하하 407호님 역시
빨리 나가고 싶으시죠?

그래도 두 번 이상 만남을 가지셔야 해요. 왜냐면 첫 번째
는 아까도 말씀드렸지만

핼퍼 삐~~~~~~~~ 소리에 급해진다.

핼퍼 제가 말이 너무 많았네요. 약 드실 시간입니다. 빨리 드세
요. (물을 건넨다.)

노인 네 저 때문에 또……. (건넨 물을 받고 알약을 삼킨다.)

핼퍼 아니에요, 낮잠 시간입니다. 그럼 이따 봬요.

핼퍼 나간다. 노인 핼퍼가 나간 쪽을 바라보다 간 것을 확인하고
삼켰던 알약을 뱉어낸다.

노인   난 여기가 좋아요…….지금 성에 간들 뭘 어쩌겠다

노인을 위한 나라

고…….

뱉어낸 알약을 숨겨둔 박스에 담고 자리에 눕는다.

2장. 성안 성준의 집

성준 초조하게 지숙을 기다리고 있고 지숙 테스트기를 들고 들어온다.

지숙 여보, 두 줄이야 두 줄. 어쩜 좋아, 어쩜 좋아.

성준 아, 감사합니다, 감사합니다.

지숙 이제 당당해질 수 있어요. 매번 걸릴까 봐 조마조마했다고요.

성준 정말 다행이다. 근데 4주차 때 들어온 거였고 (손가락으로 숫자를 세며) 두 달이 지났으니 12주 차여야 하는데 (지숙을 보고) 가짜 서류였던 거 걸리는 거 아니야?

지숙 4주는 지나야 테스터기에 나오는 거야. 그럼 8주차이니 별일 없을 거야 빨리 나오는 애들도 있고 늦게 나오는 애들도 있으니 걱정 마요.

성준 성에 들어오고 나서 좋은 일만 생기네. 아버지가 살아 계셨다면……. 다 내 잘못이야.

지숙 　그게 왜 당신 잘못이에요? 아니에요. 내 잘못이지. 내가
　　　문을 안 잠그고 나가서…….
　　　엄청 좋아하셨을 텐데. 우리……. 아버님이 주고 가신 선
　　　물이라 생각하고 잘 키워봐요.

성준 　그래……. 그래야지. 좋은 일만 생기니 더 불안하네. 아무
　　　것도 없을 땐 잃을 게 없어
　　　불안한 마음은 없었는데 지금은 이것들을 잃을까 봐 불
　　　안해.

지숙 　걱정 마요. 우리는 이제 행복한 일만 남았어. 성안에 어르
　　　신들 봐요. 아픈 곳 하나 없이 다들 잘 지내잖아요. 이 성
　　　은 노인을 위한 나라예요. 우리도 저렇게 나이 들어도 행
　　　복할 수 있어요. (지숙 배를 쓰다듬으며) 아가야 너는 우리 인
　　　생에 제일 큰 복이란다.
　　　너 하나로 우리가 이렇게 삶을 누리는구나. 고맙다.

성준 　고마워. (지숙의 배를 쓰다듬는다.)

지숙 　가히야 태교 음악 틀어줘.

　　　띠딩 소리와 함께 태교 음악이 나온다.
　　　성준 간단한 음식을 가지러 나가고 지숙 자리에 앉아 음악을 듣
　　　는다.
　　　성준 접시에 음식을 가져오고 지숙의 곁에 앉아 음식을 즐기며
　　　대화한다.

　　　　　　　　　　　　　　　　　　　노인을 위한 나라

이 둘의 대화 내용은 음악 소리에 묻혀 들리지 않지만 즐겁고 행복해 보인다.

가끔 이 둘의 웃음소리가 음악을 뚫고 나온다.

테이블 위에 쌓여있는 우편물들을 하나하나 뜯어보며 정리하는 성준.

그중 하나의 우편물에 집중하며 표정이 굳는다. 그 모습을 본 지숙.

지숙   가히야 노래 꺼줘.

띠딩 소리와 함께 음악 멈춘다.

지숙   뭔데 그래요?

성준   노인을 입양해야 한대.

지숙   줘 봐요.

(글을 보다 한 부분을 소리 내어 읽는다.) 성에 입성한 모든 부부는 3개월 차부터 "만남"을 통해 노인을 모셔야 합니다. 이는 노인 복지정책에 따른 의무이자 권리입니다. 차후 여러분들 역시 권리를 누릴 수 있도록 함이니 "만남"을 통해 노인을 모시면 됩니다. 현재 노인을 모시고 있는 분들은 센터에 나와 체크하시고 "만남"을 성사시킬 필요가 없습니다. 더 큰 혜택과 영원한…….

성준   아버지. 우리가 같이 왔다면…….

지숙   하유……. (깊은 한숨.) 우리 새로운 아버님을 모셔요. 그럼
      되지. 우리가 못 해 드린 거 다 해줘요.

성준   아버지를 잃은 지 얼마나 됐다고 누굴 어떻게…….

지숙   의무라잖아. 우리도 나이 들면 복지정책인가 뭔가로 영
      원히 케어 받는대.

성준   태어날 아이와 함께하면 되는데 우리가 그런 걸 할 이유
      가 어디 있어.

      아이가 날 버리지 않는 이상……. (성준 불안한 마음에 고개를 떨
      어뜨리고 슬퍼한다.)

지숙   그런 일이 왜 있어요. 말도 안 되는 소리를. 세상 살아가
      는 거 혹시 모르니 연금이다 생각하고 나중 생각하며 모
      시면 되는 거지. 모시는 거 그거 일도 아니야. 얼마 전까
      지 어떤 아버님을 모셨는데 내가. (아차 하는 마음에 성준을 바라
      본다.) 여보 우리가 일부러 그런 거 아니잖아요. 찾을 만큼
      찾아봤고 해볼 만큼 다 해봤어. 나도 아버님 보고 싶고 그
      리워. 그래도 산사람은 살아야지. 우리 이제 아버님은 마
      음속에서 놔드리자.

      새로운 아버님 모시고 못 했던 거 다 해드리며 살아요. 성
      안의 정책만 따르면 아무 문제 없어. (지숙 우편물을 보고 확인
      한다.) 언제였더라? 다음 달이네. 딱이다.

      2주간 교육 기간도 있네. 뭘 교육한다는 거야? 나들이 겸
      좋지 뭐.

계속 그렇게 있을 거야?

성준   아니……. 아니야. 그래 가보자. 못 해드린 거 다 해드리자.

지숙 성준을 안아준다.

3장. 성안 센터

노인 교육용 헤드기어를 착용하고 요가 동작을 따라 하고 있다.

노인   자, 이렇게. 아구구구구구. (숨을 크게 들이마시고 내뱉는다.) 체크.

들어오는 햄퍼 서류와 옷이든 가방을 가지고 있다. 노인 교육용 헤드기어를 벗는다.

햄퍼   (박수치며) 와 엄청 잘하시네요. 많이 느셨는데요?

노인   아니 뭐……. 뭘 이런 걸로. (노인 요가의 다른 동작을 보여준다.)

햄퍼   퍼펙트예요 퍼펙트. 하하하. 이제 조금 쉬셨다가 하세요. 아참, 그리고 "만남" 성사되셨어요. 뭐, 보통 첫 "만남"은 패스이니 바로 패스하셔도 돼요. 부담 갖지 마시고 선택해 주시면 돼요.

노인   오늘이요? 그 "만남"이란 게?

핼퍼	네. 처음이니 패스하셔도 돼요. 우리 센터에서 습득력이 제일 좋으신 407호님인데(서류를 확인한다.) 뭐, 이런 말까지 해드릴 필요는 없지만 네 번째 "만남"을 갖는 부부거든요. 세 번의 만남에서 패스를 당하면 정부 혜택이 줄어드는데 이 부부는 다섯 번째예요.

얼마나 무례하고 노인공경을 모르면 네 번이나 패스를 당해 참나. 혜택을 받으려고 더 잘 보이려 할 테니 그런 거에 넘어가지 마시고 만남이란 게 이런 거구나만 경험하시고 패스하시면 돼요.

노인	그래요, 우선 봅시다.
핼퍼	"만남"은 3단계로 이루어져요. 1단계 대면, 2단계 대화, 3단계 최종 선택. 아시죠?
노인	알죠. 엘리트라면서요?
핼퍼	하하. 네. 부부에 대한 기본 자료예요. 이걸로 갈아입으시고요. (서류와 옷이든 가방을 건넨다.) 읽어보시고 준비되시는 대로 나오세요. 전 먼저 나가서 준비하겠습니다.
노인	그래요, 이따 봐요.

핼퍼 지숙과 성준을 맞이하러 이동하고 반대쪽으로 노인 퇴장.
성준과 지숙 들어온다.

성준	안녕하세요.

노인을 위한 나라

핼퍼	어서 오세요.
지숙	네 안녕하세요. 저희 "만남"을 갖기 위해 왔습니다.
핼퍼	네 이쪽으로 앉으세요. ("만남"의 자리로 안내한다.)

성준과 지숙 나란히 앉고 반대쪽엔 빈 의자가 놓여있다. 그 사이 핼퍼는 서있다.

핼퍼	다섯 번째 "만남"이시네요?
지숙	네. 여기. (교육증을 건넨다.)
핼퍼	점수도 좋지 않고.
성준	그래도 다행인 게 간당간당하지만 체크받았습니다.
핼퍼	저희 쪽 센터는 처음이시죠?
지숙	네 맞아요. 남부센터는 저희랑 잘 안 맞나 봐요. (멋쩍은 웃음.)
핼퍼	저희와는 맞을지 모르겠네요. 곧 "만남"을 갖게 될 분은 저희 센터 엘리트세요. 그러니 큰 기대는 하지 마시고요. 일곱 번째까진 미루어지지 않았으면 하네요.
지숙	세 번마다 정부 혜택이 줄어드는 거죠?

핼퍼 고개를 끄덕인다.

지숙   이번엔 꼭 잘돼야 할 텐데.

성준   잘될 거야. 잘해보자.

노인 깔끔한 옷을 입고 들어온다.

성준 눈을 비비며 걸어오는 노인을 확인한다. 놀라고 당황하는

성준.

벌떡 일어나며 큰 소리로.

성준   아버지.

지숙   어머머. 아버님.

큰 소리에 당황하며 멈춰 서는 노인.

이들을 제재하며

핼퍼   1단계 대면. 대화는 금지입니다. 한두 번도 아니고 다섯

번째이면서 예의를 지키지 않다니요. 이러니 네 번이나

패스 당하지.

핼퍼 노인에게 다가간다.

핼퍼   그냥 가시죠. 저런 부부들 "만남"의 가치가 없어요. 그냥

패스하세요. 가시죠.

노인 핼퍼의 제안에 미동도 없이 멈추어 서있는 성준과 지숙을
한참 바라본다.

노인   아니에요. 이것도 경험입니다.

노인 성준과 지숙 건너편에 있는 의자에 앉는다.

노인   시작해 주세요.
핼퍼   407호님이 원하시니 진행은 하겠습니다. (성준과 지숙에게)
한 번만 더 이런 식이라면 제 권한으로 멈추겠어요. 아시
겠어요?

지숙 고개를 끄덕이며 자리에 앉고 성준의 팔을 당겨 자리에 앉
힌다.

핼퍼   시간 체크합니다. 1분간 말없이 대면입니다. 체크.

똑딱똑딱 시간이 흐르는 소리가 점점 커지며 노인 성준 서로를
바라본다. 성준의 눈에서 눈물이 흐른다.

핼퍼   체크. 1단계 대면 완료. 이제 가시죠.

핼퍼 노인을 일으킨다.

핼퍼	패스시죠? 말씀하세요. 뭐 저런 사람들이 다 있어 아무리 지들이 급하다 해도
노인	체크.
핼퍼	네?
노인	무언가 간절함이 느껴지네요.
핼퍼	저런 거짓 눈물에 속지 마세요.
노인	더 경험해 보고 싶네요.
핼퍼	하 참. 네 뭐 알겠습니다. 선택은 407호님이 하시는 거니까요. 1단계 체크. (성준과 지숙에게) 돌아가세요. 2단계 때 뵙죠.

핼퍼 노인을 모시고 나간다.

성준 노인의 나가는 모습을 바라보며 흐느낀다. 지숙 성준을 일으켜 함께 퇴장.

4장. 성안 성준의 집

성준 멍하니 자리에 앉아있다. 지숙 교육용 자료들을 들고 들어온다.

지숙   여기 다시 읽어보고 준비하자. 이번에 떨어지면 절대 안 돼.

성준 말이 없다.

지숙   여보.

성준   어?

지숙   2단계 준비하자고. 이번엔 제대로 좀 해보자.

성준   어, 그래 (멍하니 서류를 바라보고 있다.)

지숙   휴. (깊은 한숨) 아버님일 리 없어. 나도 처음에 너무 닮아
       놀랐는데, 너무 정정하시고 또……. 아버님이 그곳에 계
       실 일이 없잖아. 말이 안 된다고.

성준   아버지 맞아.

지숙   뭐 그리 확신해.

성준   1분이라는 시간 동안 많은 걸 얘기하셨어.

지숙   말도 못 하게 하는데 뭘 얘기해?

성준   말하지 않아도 전달되는 게 있단 말이야. 뭔가……. 느꼈어.

지숙   그래. 그렇다 치자. 뭐라 말씀하시던? 어? 뭘 전달받았냐고?

성준   모르겠어……. 반가움, 안도. 그리고 원망…….

지숙   원망을 왜 해. 그리고 진짜 아버님이면 잘 됐지. 말도 안
       되는 소리 말고 빨리 숙지할 거 하면서 2단계 준비해요.
       우리가 놓친 게 많아.

지숙 교육 자료들을 하나하나 살핀다.

지숙   2단계 대화. 대화의 방향성.

성준   그날.

지숙   그날 뭐? 그날에 대해 대화해? 아휴 진짜. 딴생각 말고 2
단계 준비하자니까?

성준   성에 입성하기 전날.

지숙   뭐, 아버님 나가신 날?

성준 고개를 끄덕인다.

성준   그때 동쪽 2구역.

지숙   동쪽 2구역. 세 번의 총성. 뭐? 뭐? 아니다. 그래, 아버님
은 그날 나가셔서 동쪽으로 가신 거야. 그래서 우여곡절
끝에 그 사람들이 성에 데려온 거고. 치료도 받고.

성준   치료받으신 걸 거야.

지숙   그래, 아버님 맞는 것 같더라니. 여보. 아버님 살아계셨
네. 맞아. 확실해. 다행이다.
여보도 무언가 느꼈다며? 우리가 그날 그렇게 찾아 헤맸
는데. 원망? 우리가 아버님 안 찾고 다음 날 바로 성에 입
성해서 그러신 걸까? 밤새 찾아 헤맨 건 모르시겠지?
확실히 원망함을 느꼈어?

성준 복합적이었어. 말로 설명할 수 없는…….

지숙 아니야, 잘못 느낀 거야. "만남"을 가지려면 기억이 남아 있을 수 없어.

지숙 교육받은 내용들이 적혀있는 자료들 중 하나를 찾아 읽는다.

지숙 이거. 여기 있다. "만남"을 갖는 노인들은 불행한 기억이 지배적이다. 자식들로 하여금 버림을 받거나 자식을 잃거나 자식이 없는 사람이다. 그러므로 "만남" 전 모든 노인들은 불행에 대한 기억을 지운다. 불행한 기억만을 지우기 힘들기에 모든 기억을 지우고 초기화하여 새로운 지식과 문화를 습득한다. 습득이 끝난 후 "만남"을 통해 행복을 찾기 위함이니 이를 숙지하고 교육생들에게. 이거 봐, 이거 봐.

성준 기억을 지워?

지숙 우린 대화한 적 없어. 그건 그냥 당신 생각대로 느낀 거야. 물론 하루만 찾고 바로 입성했지만 우리가 얼마나 찾아 헤맸어? 아무리 찾아 헤매도 없었잖아. 우린 아버님이 돌아가신 줄 알았잖아. 그것 때문에 당신도 많이 힘들고 슬퍼했잖아. 원망이란 거 당신이 느끼는 불편함일 거야. 살아계셨다면 우릴 원망하지 않았을까? 하고.

성준 당신이 봐도 아버지 확실했지?

지숙	사실 나도 엄청 놀랐어. 아버님이 살아 계시다는 걸 알고 너무 기뻤지만 우린 또 떨어지겠구나 하는 생각이 들었지. 그래도 아닐 거야 아버님이 아닐 거야 하는 기대감으로 잘 살펴봤는데 머플러…….
성준	머플러?
지숙	아버님 잃어버릴까 봐 손목에 묶었던 머플러. 그걸 하고 계시는 거야.
성준	아니, 그럼 당신은 알고 있었으면서 왜 자꾸 아니라고 그런 건데?
지숙	당신 때문이지. 이렇게 딴생각으로 흔들리니까. 난 2단계 생각밖에 없어. 태어날 우리 아이를 생각하라고. 어찌 되었든 아버님 살아계시잖아. 잘된 거야, 잘됐어.
	하늘이 도왔다고. 우린 아버님에 대해 잘 알고 있잖아. 기억은 지워져도 세포들은 기억할 거야. 성향은 바뀌지 않았을 거라고. 숙지할 것만 숙지하고 대화 방향성에 대해 정하면 돼. 아버님이 뭘 좋아하셨지? 우리 아버님 모셔올 생각 하자.
	우선 이거 보고 숙지해요.
성준	우릴 못 알아보는 것 같기도 했어.
지숙	그렇다니까. 빨리 아버님 모셔 올 생각만 해요.
	이번엔 환경이 다르니 정말 잘해드릴 거야.
성준	그래, 목적지는 바뀔 수 있어. 달리는 게 중요한 거야.

지숙   감자를 좋아하셨나? 아니 아니지 그래. 머플러. 그러니
       아직도 가지고 있지.

5장. 성안 센터

노인 교육용 헤드기어를 착용하고 있다.

노인   도~, 솔~, 미~, 파~ 체크. 아~, 음~, 아~ 음~ 체크.

햏퍼 들어온다. 노인 교육용 헤드기어를 벗는다.

햏퍼   열심이시네요. (헤드기어를 가리키며) 언제든 궁금하신 게 있
       으면 물어보세요.
       궁금증을 해결해 드린답니다.
노인   (헤드기어를 가리키며) 이게요? 그런 기능도 있어요?
햏퍼   즐거워 보이시네요. 행복해 보여요. 하루가 다르게 좋아
       지시고.
노인   다 햏퍼님 덕분입니다. 행복의 기준에 대해 습득하고 있
       었거든요. 감사합니다.
햏퍼   아니에요. 감사하긴요. 이렇게 즐거워 보이시니 제가 더
       감사하죠. 그건 그렇고,

오늘 "만남" 2단계 대화. 인 거 아시죠?

노인   그럼요. 준비할까요?

핼퍼   네 준비하시면 됩니다.

노인   알겠습니다.

핼퍼   저 407호님. 제가 407호님에게 진심인 거 아시죠?

노인   아, 그럼요. 항상 감사하게 생각한다니까요.

핼퍼   그래서 그런데 무례가 아니라면 당부하고 싶은 게 있어
서요.

노인   네 말씀하세요.

핼퍼   우선 그들에게 왜 그렇게 호의적이신 거죠?

노인   모르겠네요. 아버지라는 소리를 들었을 때 심장이 뛰더
군요. 그리고 그 눈물이……

핼퍼   그들의 수작이에요. 이번에도 패스 당할까 봐. 연기도 어
설퍼요. 그런 것에 속지 마세요.
2단계 안에서 멈추세요. 교육점수도 형편없어요. 더 잘
이해하고 모실 수 있는 부부들이 많아요. 경험이라 생각
하시고 준비 잘된 부부를 기다리시는 게 좋을 듯해요.

노인   걱정해 주셔서 감사합니다. 대화해 보고 조금이라도 아
니다 싶으면 패스하겠습니다.

핼퍼   괜한 동정심에 체크하실 필요 없단 말이에요. 407호님만
생각하세요. 그들이 잘 모실 수 있는지만. 제가 봤을 땐
아니거든요.

노인	네. 알겠습니다. 이곳에서 참 많은 걸 배우고 느낍니다. 하지만 이 교육용 헤드기어로도 배울 수 없는 게 있더군요. "만남", "만남"이란 건 직접 느끼는 수밖에 없더군요. 사람과 사람이 만나는 거. 왜 "만남"인지 알겠어요. 말하지 않아도 무언가 느껴지는.
	뭐 그런 걸 느꼈습니다. 그러니 너무 걱정 마시고 2단계 경험해 볼게요.
핼퍼	그래요. 잘 선택하실 거라 믿어요. 그럼 나가 있겠습니다.
노인	네. 준비하고 나갈게요. 항상 감사합니다.

핼퍼 지숙과 성준을 맞이하러 이동하고 반대쪽으로 노인 퇴장.
성준과 지숙 들어온다. 핼퍼와 인사 후 자리로 이동.

핼퍼	잠시 기다리시면 나오실 겁니다.
지숙	네. 휴, 긴장되네요.
핼퍼	이번에도 규칙을 어기고 무례하게 굴면 제 권한으로 패스시키겠어요.
지숙	그럼요. 그럴 일 없을 거예요. 그렇죠. 여보?
성준	어, 그럼.
지숙	긴장하지 말고 준비한 대로만 해요.

노인 옷을 갈아입고 들어온다. 성준과 지숙을 보고 멈칫하다가

미소를 보이며 자리에 앉는다.

노인   반갑습니다.

지숙   네. 아버님.

핼퍼   습~ (지숙을 째려본다.)

노인   듣기 좋네요. 아버님이라 허허허허.

지숙   그, 그렇죠. 호호호. (핼퍼를 째려보지만 조심스러워진다.) 왠지 처음 봤을 때부터 끌리는 게 있었다니까요. 그러니까 자연스레 나오는 거지. 흠.

노인   그래요. 그래. 이쪽 분은 말이 없으시네요. 뭐가 불편한가요?

지숙   여보 (성준을 찌르며) 인사해야지요.

성준   아 네. 아, 안녕하세요.

지숙   제가요. 요리를 엄청 잘하거든요. 뭐 좋아하세요?

노인   뭐, 특별히 가리는 건 없습니다만 뭘 잘하시는데요?

지숙   저 다 잘해요. 다 잘하지만 감자볶음. 아삭아삭 감자전. 달짝지근 감자조림. 감자를 슬라이스 쳐서 튀겨내는 칩까지. 아, 감자 넣고 끓인 감잣국.

노인   허허 감자요리를 좋아하시나 봐요?

지숙   아니, 안 좋아하세요? 감자뿐만 아니라 뭐든 잘해요. 감자 하나만으로도 이렇게 여러 요리를 할 수 있다는 걸 얘기하려다 보니 호호호.

노인   네. 얘기 듣다 보니 먹어보고 싶네요.

지숙   그렇죠? 호호호.

노인   (성준에게) 이쪽 분은 무슨 음식을 좋아하세요?

지숙   (성준을 찌르며 방백)-여보, 음식 음식에 대해 묻잖아. 꿀 먹었어? 왜 이래?-

성준   네. 가리는 거 없이 다 좋아합니다. 성에 와서 너무 좋은 음식을 먹어서 가리는 거 없습니다. 근데 날 건 먹기가 좀 꺼려집니다.

노인   아, 날 걸 못 먹어요?

지숙   (방백)-별 쓸데없는 얘기를.-

아니요. 전 무지 좋아해요. 저도 아버님처럼 음식을 가리지 않는답니다.

(성준을 찌르고 째려보며) 호호호.

노인   저도 날건 못 먹어요. 저와 비슷하네요.

지숙   아, 그러세요? 저도 날건 잘 못 먹어요. 예전엔 좋아했지만 이이가 날 거라면 질색을 하거든요. 그 뒤로 안 먹다 보니 전혀 그런 음식은 입에도 안 대요. 호호호.

여보, 당신이랑 비슷한 게 참 많다. 여보, 여보도 말 좀 해야죠?

성준   어? 어 그래. 하려던 참이야. 팔에 감고 계신 거 머플러처럼 보이는데 무엇인가요?

지숙   (방백)-나 참. 돌아버리겠네. 이이가 왜 이래. 벌써 그런 걸 여쭈면 어쩌자는 거야?-

패션 감각이 좋아 보여서 이이가 궁금했나 보다. 너무 멋지세요.

노인   맞아요. 머플러입니다.

지숙   아, 머플러 맞구나 참 이렇게 해도 패션이 되는구나.

성준   머플러에 대한 추억이나 기억이 있으신가 봐요?

지숙   (방백)-미쳤어? 미쳤냐고? 뭐 그딴 걸 물어? 우리 아이를 생각하라고!-

노인   이곳 센터에 올 때부터 있었어요. 유일한 제 물건이자 잊혀진 제 기억의 일부죠. 무슨 추억이 있었는지는 모르지만 그냥 지금은……. 이게 제일 소중하네요.
당신은 제일 소중한 게 무엇인가요?

성준   소중한 거……. 그게…….

노인   꼭 물건이 아니어도 됩니다. 사람일 수도 있고…….

지숙   저는 우리 아이요. 그리고 남편. 이제 아버님도 소중해질 것 같네요. 호호호.

노인   그러시군요. 허허허허.

성준   아버님이 해주신 말씀이요.

노인   아버님이 해주신 말씀이요?

지숙   (방백)-미쳤네. 미쳤어. 성안에서 감자만 먹고 살게 생겼네.-

성준   네.

노인   뭐라고 말씀해 주시던가요?

성준   살아간다는 건 차를 타고 달리는 것과 같다.

목적지가 바뀔지 모르지만 그래도 그냥 그곳까지 가는 거다. 스스로 정한 거니까.

그러다 도착한 곳이 바뀌더라도 바뀐 곳이 목적지가 되는 거고. 우선 달리는 게 중요한 거다. 멈추지 마라. 그게 인생이다.

이 세상에 정답은 없다. 끝까지 살아남아 스스로의 답을 정답으로 만드는 게 인생이다.

노인 그래요? 인생에 있어 정답이란 게 있던가요?

성준 아직 찾고 있는 중입니다. 아니, 정답으로 만들고 있는 중입니다. 멈추지 않고 달려보고 있는 중입니다.

노인 음……. 소중한 말씀이군요.

지숙 아버님. 아버님? 이곳 생활 답답하시죠? 저희와 함께하시면 저희가 잘 모실게요. 저희 집도 아주 깨끗하고 이곳보다야 작겠지만 충분히 따듯하고 좋은 집이에요. 그러니

헬퍼 체크를 강요하는 대화는 삼가 주세요. 경고입니다. 두 번의 경고는 없습니다.

지숙 아, 네. 그럼요. 너무 감정이 이입이 되어서 알겠어요. 네네.

노인 제가 체크를 하면 저에게 무엇을 해줄 수 있습니까?

지숙 뭐든지요. 맛난 음식. 깨끗하고 멋진 옷. 그리고 따듯한 집. 뭐든 다요.

성준 하늘을 날게 해드릴 겁니다. 하늘을 날 수 있게 해드리고 싶어요.

노인   하늘을 날아요?

성준   (눈물을 흘리며) 어디든 함께하고 싶어요. 어디든 업고 다니
       겠습니다. 자유롭게.
       다시는 버려두지 않을 겁니다. 짐이 되지 않을 겁니다. 짐
       이라 생각 들지 않게 할 겁니다. 훨훨 날 수 있게 해드릴
       겁니다.

노인   한 마리의 새처럼요?

지숙   (방백)-환장하겠네 진짜.-
       호호호. 여보. 왜 이래요.
       아버님은 원하시는 게 있으신가요?

노인   음……. 저는 성 밖에서 살고 싶어요.

지숙   네? 아니 성 밖에서요?

노인   네 자유롭게 말입니다.

지숙   맨날 감자만 먹어야 할 텐데요?

노인   감자 요리 잘하신다면서요?

지숙   (방백)-돌아버리겠다. 이를 어째.-
       저기요 헬퍼님 모시기만 하면 성 밖에서도 지원금은 나
       오는 거죠?

헬퍼   그런 경우는 없었지만 나오겠죠. 이제 시간 다 되었습니
       다. 작별 인사 하시지요.

노인   시간이 빠르게 지나갔네요. 즐거웠습니다.

지숙   네. 아버님. 꼭 또 뵙고 싶네요.

노인과 헬퍼 지숙 성준의 마지막 말을 기다리나 말이 없자 헬퍼 노인을 일으킨다.

노인   즐거웠습니다.

지숙   네. 아버님 들어가세요.

성준   (일어서며) 부탁드리고 싶은 게 있습니다.

헬퍼   신체 접촉과 체크에 관한 대화는 사절입니다.

노인   그래요 말해봐요

성준   아버지라고 불러봐도 되나요?

노인 헬퍼를 바라본다.

헬퍼   거기까지야 뭐. 괜찮습니다.

노인   괜찮다네요. 그래요 불러봐요.

성준   아……. 아버……. 아……. 아버지.

헬퍼   이제 가시죠.

헬퍼 노인과 함께 나간다.

성준   아버지! (크게 외친다.)

성준의 목소리가 메아리친다.

노인 교육용 헤드기어를 착용하고 있다.

노인   요가 선생님, 음악 선생님, 언어 선생님, 미술 선생님, 상식 선생님, 철학 선생님.
어, 거기 선생님도. 아무튼 다들 모여 봐요. 체크.

노인 헤드기어를 벗고 관객석을 둘러본다.

노인   여기 내 선생님들이 다들 모였네. 내 새로운 삶의 인생 선생님들 말이야.
이……. 내가 처음 사용하는 건데 말이야……. 질문을 해도 된다면서?
내가 고민이 있어서 말이야.
"만남"에 있어 3단계가 최종 선택이거든. 그게 고민이야.
체크냐? 아니면 패스냐.
체크를 하고 그들과 성안에서 규율을 지키며 안정적으로 살 것인가? 아니면 그들과 성 밖에서 규율 없이 자유롭게 살 것인가?
아니면 패스를 하고 새로운 부부들을 기다릴까?
아니, 이 부부들은 지원금이 적다잖아.

성에서 사는 거? 정말 좋아. 일하지 않아도 왕처럼 살 수 있거든. 아파도 병원비 걱정 안 해도 되고. 뭐 건강함을 위함인지 규칙적인 것들이 많아 답답함이 없진 않지.
그래도 우선 가장 좋은 건 다들 노인이 되고 싶어 한다는 거야. 좋아 보이니 되고 싶은 것 아니겠어?

좋아, 좋지.

아니, 그럼 기억을 지우고 이 성에 들어오라면 들어올 텐가? 잘 생각해 봐. 노인을 위한 나라.

힘들고 슬프고 아픈 기억도 있지만 그래도 그 기억. 그리고 추억들.
추억들이 있어 행복한 건 아닐까? 라는 생각이 들거든.

뭐? 성 밖의 기억?
약을 제때 안 먹어서 그런가? 자꾸 이상한 기억들이 존재해. 그래서 그 뒤로는 약을 꾸준히 먹고 있지.

자꾸 그런 건 왜 물어? 성준이가 그랬건. 아니, 흠. 그 사람이 그랬건 안 그랬건 그게 지금의 선택에선 중요하지 않아.

당신들 생각에 맡길게. 내가 어디까지 기억하고, 안 하고
는 말이야.

내 고민을 물어보니 되질문만 하는구먼.

그게 중요하지 않아. 삶이란 게. 살다 보면 실수할 수도
있고 잘할 때도 있는 거지. 뭐.

실수해도 용서하고. 잘하면 칭찬하고. 그게 우리 노인들
이 잘하는 거잖아.

그게 인생인 것 같아 누구나 다 그렇지. 원하든, 원치 않
든. 그게 살아간다는 거지.

허허. 허허허. 그래 되질문을 통해 답을 얻었네. 고맙네.
고마워. 허허허허.

그래도 죄짓지 말고 살아. 체크.

핼퍼 (들어오며) 407호님 3단계 최종 선택 시간입니다.

핼퍼 노인과 함께 퇴장.

노인을 위한 나라

등장인물

성준
아빠
한나
재호
벌구
수수

푸른 봄 青春

-달동네 허름한 한나슈퍼

삼총사 등장.

재호   저쪽이야. (가게 안을 주시한다.)

수수   아 날씨 겁나 덥네. 봄도 없이 여름이 오려나? 나 아이스
      크림.

벌구   돈 벌기가 뭐 쉬운 줄 아냐?
      내가 이 짓만 15년째, 아니 이제 16년째야.

재호   그럼, 네 살 때부터 돈 벌었단 얘기냐? 잠깐만. 들어갔나?
      여기서 기다려봐.

재호 가게 안을 염탐한다.

벌구   난 빨랐어. 뭐든 빠르지. 슉 슈슉. 이것은 입에서 나는 소
      리가 아니다.

수수   지랄. (뒤통수를 때린다.) 더워 죽겠구먼.

벌구   아야, 아…….. 씨 너 자꾸 내가 말하는데 그렇게 의심부터
      할래?
      난 태어날 때부터 남다르게 태어났어.
      엄마 뱃속에서 문을 열고 나올 때부터 남달랐다 이거지.
      분명 너희는 응애 응애 추워요~ 배고파요~ 하며 간호사
      를 찾아 징징대다가 엄마 젖을 찾아 우유 좀 줍슈, 우유
      좀 줍슈. 했을 거라고 대부분 아기들이 그래.
      하지만 난 달랐지.
      난 울지 않았어. 다른 아이들과는 달랐지.

수수   근데 그거 태어났을 때 안 울면 벙어리 된다던데.

벌구   크흠……. 울지 않고 소리를 질렀지.
      앙~~~ 크아앙~~~~~

수수   아이 깜짝이야. (뒤통수를 때리며) 그게 운 거지.

벌구   아, 진짜.

수수   진짜 뭐. (한 대 더 치려 한다.)

벌구   운 거랑 소리를 지른 거랑은 다르지.
      응애 응애~~~ 아, 응애예요랑

크아앙~~~~ 앙~~~~~ 이거랑 어떻게 같냐?

수수   히히히히. 이 새끼 또 지랄한다. 네가 사자 새끼냐?

벌구   진짜야. 난 남달랐어. 으앙~~ 크으아아아앙~~ 내 소리
        를 듣고 다들 도망갔지.
        난 남달라. 크으아앙~~

수수   그래서 너희 엄마도 도망갔나 보다. 크으아아아앙~~~
        으앙~~~~

벌구   에이 참……. 다들 도망가지. 크으아앙~~

수수   크으아앙~~

재호   (가게 안을 확인하고) 오케이~~~ 들어간 것 같은데.

수수   시작하자.

재호   오케이~~~

삼총사 한나슈퍼로 다가가 흩어져 각자 자리를 잡는다.

재호   여기요, 계산 좀요.

한나   네. 나가요.

벌구   오호~~~

수수   이게 누구야~ 한나 선배~

한나   어. 얘……. 얘……들아. '쿵'

재호   쿵, 쿵, 오랜만이다. '쿵', '쿵'

수수   선배가 학교 졸업하면 우리가 못 잡을 줄 알았냐? 대학

갔다며?

한나   아……. 아니. '쿵' '쿵' 그런 게. '쿵'

벌구   선배 귀에 도청 장치 박아 놨다. 뛰어야 애벌레지.

한나를 에워싼다.

재호   너 자꾸 우리 피해 다니면 너희 가게 불 지른다.

한나   아니야. 안 '크쿵'……. 돼.

벌구   안 '쿵' 돼. 안 '쿵' 돼.

수수   아, 덥다 더워 나 이거 먹어도 되지?

한나   돈 내고 '쿵' 먹어야 되는 '쿵'

벌구   오늘은 이만큼만 가져간다. (짜장 라면 묶음과 과자를 잔뜩 들고나
         온다.)

한나   안 되는, '쿵'

재호   이게 미쳤나. (손이 올라간다.)

수수   됐어. 선배, 이번 주까지 돈 준비해 놔. 대학 갈 돈은 있고
         우리한테 줄 돈은 없어? 네가 우리한테 그러면 안 되잖
         아. 선배 정도면 장학금 타고 등록금 정도는 삥땅 쳐야지.
         이번 주까지야. 누구한테 알리면 넌 뒈지는 거고.

벌구   뒈지는 거야. '쿵' '쿵' '쿵' 크아앙~~

한나   꺄아아 '쿵' 아, 아…….

벌구   히히히. 이거 봐. 크아아아앙. 봤지. 봤지? 다들 무서워한

다니까.

재호   정말 불 지를 거야.

　　　 선배의 행동이 이 가게를 지킬 수 있다.

벌구   크아앙.

한나   그거 놓고 가 '쿵' 안 돼…… . '쿵쿵'

재호   이게 진짜. (한나를 밀친다.)

한나   아얏…… . '쿵쿵'…… . '쿵쿵'

수수   야! 됐다니까 왜 건드려.

　　　 이년 또 발작하는 거 아니야?

　　　 아, 미친 새끼 겁만 줘야지 이년 흥분하면 개발작한다니까.

벌구   멈춰, 멈춰라. 크아앙.

수수   히히히. 야, 진짜 발작한다니까.

성준   야! 니들 거기서 뭐 하냐?

재호   뭐야 저 새끼. 아는 애야?

수수   아니…… .

벌구   크아아앙~

겁을 주는 벌구. 꿈쩍하지 않는 성준.

한나   돌려줘. 그거 돌려줘. '쿵'

재호   이년이 진짜 미쳤나? (재호 한나를 다시 밀친다.)

성준   너네 그러다 진짜 혼난다.

벌구	이 새끼가 진짜 조용히 가던 길 가라.
	너 우리가 누군지 아냐?
성준	니들이 누군지 내 알 바 아니고, 짜장 라면 사 가야 하니
	조용히 내려놓고 가라.
	나 시간 없다.
벌구	아 저 새끼가 진짜. 재호야 어떡하지?
재호	어떡하긴. 뭘 모르는 놈들은 혼내줘야지.

재호와 벌구 성준에게 달려든다. 성준 가볍게 몸을 피하고 타다닥. 재호와 벌구를 쓰러뜨린다. 들고 있던 라면 묶음을 빼앗았다.

재호	후핫. 뭐야 이거, 뭐 보였냐?
벌구	아야야야야.
재호	작전2.
벌구	저기요 저희가요 용문고 다니는 학생인데요.
성준	용문고?

뒤에서 재호가 달려든다. 성준의 한방에 나가떨어진다.

재호	어야야야야.
성준	너희 용문고 다녀?
벌구	작전3, 작전3.

재호	병신 새끼 학교는 왜 말해가지고. 야, 튀어.
벌구	작전3은 튀어, 튀어 뭐 해? 수수 빨리 튀어.
수수	우와~ 야 저 새끼 졸라 멋지다.
재호	가자. (수수 손을 잡고) 아, 가자고.

삼총사 도망간다.

성준	자, 여기요. (떨어뜨린 물건을 주워주고 라면을 들고 있다.)
	에이 부서졌네. 얼마예요?
한나	2,500원 아니, 아니에요. '쿵'
성준	어, 500원 모자란데. 그럼 이거 좀 부서졌는데 하나 빼도 돼요?
한나	아니에요. 다음에 가져다주세요.
성준	그래도 돼요?
한나	네…….
성준	저 이번에 여기 윗집으로 이사 왔는데 다음에 꼭 갖다 드릴게요.
한나	아 네……. (성준 간다.)
	그리고 감사합니다. '쿵쿵'
	저는 이번에 용문고 졸업한…….

한나 성준이 간 곳을 바라본다.

　　　　　　　　　　　　　　　　　　　　　　　　　　　푸른 봄

암전.

-성준 집

_____

아빠 소주를 마시고 있다.

성준　　사 왔어요.

아빠　　물 끓여 났다. (포트에서 물이 끓고 있다.)

성준　　끓이는 라면인데…….

아빠　　이사 온 날 가스가 어디 있다고 그걸 사 와.

성준　　부셔 먹죠. 뭐.

아빠　　염병할 놈 라면 하나 제대로 못 사 와.

성준　　자. 여기 있습니다.

아빠　　너나 처먹어라.

성준　　면을 크게, 크게 부수고 까만 스프를 이렇게 뿌리면…….

아빠　　통화 다 해놨다. 학교 혼자 갈 수 있지?

성준　　액상스프네…….

아빠　　이번엔 끝까지 해. 돈 벌 생각 말고……. 그래도 고등학교
　　　　는 나와야지.

성준　　알아서 할게요. 아빠도 쉬엄쉬엄하세요. 또 다치지 말고.

아빠　　내가 알아서 해. 캬아~ 쓰다.

자, 이거 받아라. (돈 봉투를 건넨다.)

성준   쓰다면서 계속 마시네. (봉투를 확인하고) 웬 돈이에요? 어디
       서 났어요?

아빠   너 운동화 하나 사. 남은 돈은 아껴 쓰고.

성준   에이씨……. 엄마한테 갔다 왔어요?

아빠   뭐, 인마?

성준   우리 버리고 간 인간한테 돈 받은 거냐고요?

아빠   이 새끼가. (머리를 때린다.)

성준   내가 번다니까요? 왜 자꾸 찾아가요. 이딴 거 아빠나 써
       요. 나 돈 있으니까.

아빠   (머리를 때린다.) 이 새끼가 밥상머리 앞에서 얻다 대고 소리
       를 질러.
       (성준 울컥하여 돌아앉는다.) 싸가지 없는 새끼 지깟 놈이 뭘 안
       다고…….

성준   다 알아요. 나도 이제 성인이에요.

아빠   알긴 뭘 알아, 그런 놈이 학교에서 기술을 배우든가 공부
       를 해야지 학교는 왜 때려쳐?
       고등학교도 못 나오면 인간 취급받는 줄 아냐? 너 그따위
       로 살면 나처럼 사는 거야.
       이게 좋냐? 좋아 보여? 행복하냐? (성준 일어난다.)
       염병할 새끼 싸가지 없는 건 누구 닮아가지고……. (돈 봉
       투를 성준에게 던진다.)

네가 준 돈으로 적금 붓다가 이사하고 남은 돈이다. 네 돈
이니 네가 써.

싸가지 없는 새끼. 어디 감히 애비가 말하고 있는데 밥상
머리 앞에서…….

성준   진짜예요?

아빠   진짜지 그럼 가짜냐? 아까운 술 먹고 내가 할 게 없어 너
한테 구라 치냐?

성준   (자리에 앉는다.) 저도 한 잔 주세요.

아빠   싸가지 없는 새끼.

성준   아까워요?

아빠   어서 눈알을 부릅뜨고.

성준   다 마시면 제가 한 병 더 사 올게요. 같이 마셔요.
저 돈 있잖아요. 아빠가 준 돈.

아빠   한 잔에 한 병이야.

아빠 성준에게 술을 따라주고 건배 후 마신다.

아빠   캬~~~

성준   쓰다 써.

아빠   쓰지. 근데 뒷맛은 달아. 그게 인생이다. 잠깐의 단맛을
위해 쓴 술을 마시는 거야. (한 잔 더 마신다.) 캬아~ 그러다
가 감각이 무뎌져 쓴지 단지도 모르는 거지.

성준	단맛은 모르겠는데……. 조금씩만 마셔요. 뭐 며칠은 쉬
	셔야 하니까.
아빠	얌마, 술 떨어져 간다. 네가 산다며.
성준	알았어요. 한 병만 사 올 거예요.
아빠	치사한 새끼. 빨리 갔다 와.
	(성준 일어서 나간다.)
	내 인생의 단맛은 너다 이 새끼야.
	(노래 부른다.) 앉으나 서나 당신 생각 앉으나 서나 당신 생
	각 떠오르는 당신 모습.
	피할 길이 없어라. 가지 말라고 애원했건만. (닫히는 문 사이
	로 아빠의 말을 듣는다.)

-한나슈퍼

성준	앉으나 서나 당신 생각. 앉으나 서나 당신 생각. 여기요.
	소주 한 병……. 아니 두 병 주세요. 떠오르는 당신 모습
	피할 길 없는 내 마음.
한나	네. (소주를 들고나온다.)
성준	피할 길 없는 내 마음. 얼마예요?
한나	어……. 1,500원이요.
성준	1,500원에 아까 500원까지…….

푸른 봄

한나	네? 네…….
	혹시 고등학생이에요?
	신분증 보여주셔야 하는데.
성준	21살이에요.
한나	보여주셔야 하는데……. '쿵'
성준	여기요.
한나	문……. 성……. 준…….
성준	됐지요? 내가 바빠서
한나	아까, 아까……. 고마웠어요.
성준	아니에요. 근데 지금은 똑바로 얘기하네요.
한나	제가 긴장을 하면 저도 모르게 크……. 쿵…….
성준	쿵쿵이네.
한나	죄송 '쿵' 해요.
성준	귀여워요. 쿵쿵. 내일 봐요. (성준 뛰어간다.)
한나	크크크. '쿵쿵' 내일 '쿵' 봐……. '쿵' 요.

-다음 날 공터

벌구 이리저리 움직임을 계산하며 위치를 잡는다.

| 수수 | 야, 오늘 뭐 달라 보이는 거 없냐? |

벌구	어. (죽도로 내려치는 연습을 하고 있다.)
수수	자세히 봐 이 새끼야. 자, 자.
벌구	아, 어제 저녁을 좆도 드셨는지 빵빵하시네요.
수수	이 미친 새끼가. (벌구가 들고 있는 죽도를 쳐 벌구 머리에 맞는다.)
벌구	아, 진짜 내가 네 호구냐? 툭하면 머리를 쳐.
	너 땜에 뇌세포가 죽어서 기억력이 없어지잖아.
	그러니까 자꾸 성적도 떨어지고 기가 막힌 계획을 세워
	도 잊어먹는다고.
	그러니 머리 좀 때리지 마.
수수	지가 공부 못 하는걸 내 탓 하네.
	뭐? 뇌세포가 죽어?
	너 더 맞고 네 이름도 기억 못 하고 싶냐?
벌구	어, 어. 잠깐.
	자꾸 이런 식이면 내 계획 안 깐다.
수수	필요 없거든. 네가 말한 계획은 들어봐야 다 거기서 거
	기…….
벌구	문 성 준.
수수	성준 오……. 빠?
벌구	오~빠~? 참나 오빠?
수수	(부끄러워한다.) 우린 인연이야.
벌구	인연~ 이년아.
	(수수 죽도를 다시 한번 밀어 벌구 머리에 맞는다.)

아야야야.

수수   성준 오빠가 우리 반으로 전학 올 줄이야~

그 누가 알았겠는가!

이것이 인연이지…….

근데 무슨 계획이 있다는 거야?

벌구   우리 부하로 만들 거야.

수수   뭐? 어떻게?

벌구   수를 써놨지.

수수   무슨 수? 뭔데? 빨리 말해라.

벌구   지금쯤이면 이리로 오고 있을 거야.

수수   뭐? (화장을 고치며) 어떻게? 우리보다 한 살이나 많고 저번
에 니들 둘이 덤볐을 때에도 상대가 안 되던데.

벌구   싸움에 나이가 필요한가? 슉, 슈슈슉. (죽도를 흔든다.)

수수   너 진짜 네 이름도 기억 못 하고 싶냐? (손을 번쩍 든다.)

벌구   기습!!!

수수   기습?

벌구   재호가 할 말 있다고 친근하게 대하며 이리로 올 거야. 그
때 난 숨어있다가 재호가 뒤에서 양팔을 못 움직이게 잡
는 순간. 이 죽도로 죽도록 패는 거지.

이얍, 이얍 이~~~ 야압.

수수   야 그건 기습이 아니라 비겁한 것 아니야?

벌구   뭔 소리야 지금 우리 자리 빼앗기게 생겼는데.

수수	야, 그래도 2 대 1인데.
벌구	아니, 아니야. 3 대 1이지.
수수	뭐?
벌구	너도 가만있지 말고 달려들어 못 움직이게 하고 팔이라도 깨물어.
	미친개한테 한 번 물리면 누구든 미친개를 보면 겁먹기 나름이지.
	우리 작전명은 "이쪽이야!"
수수	이쪽이야?
재호	이쪽이야!
성준	알았어, 알았어. 가까이 있는데 갑자기 왜 소리를 질러.
벌구	온다, 온다. 준비해, 숨어.
재호	하하 그냥 친해지고 싶기도 하고 뭐 그냥.

재호와 성준 등장한다.

재호	이쪽이야! (재호 뒤에서 성준을 꺼안아 양팔을 못 움직이게 한다.)
	잡았어! (성준 뿌리치려 한다.)
수수	오빠~~~ 미안해~~

수수 성준을 꼭 꺼안는다. 성준 움직일 수 없다.

벌구	이얍. (죽도로 내려친다.)
재호	핫…….

뒤에서 잡고 있는 재호의 키가 성준이보다 크다.
벌구가 내려친 죽도에 재호가 맞고 쓰러진다.

음악.

-같은 시간 성준 집

아빠	네 사장님, 그럼 저 다음 주부터 출근해도 되는 겁니까?
	아, 네네……. 감사합니다.
	아, 그럼요 말짱하지요. 일하는 데 차질 없도록 하겠습니다.
	제가 이 지역 세멘은 제 손으로 다 날랐습니다. 아시지 않
	습니까.
	하하하 참…….
	아니, 아닙니다. 알겠습니다. 진짜 아무 이상 없다니까요.
	네 그럼 다음 주부터 출근입니다. 아, 그러니까…….
	이번 주 내로 병원 갔다가, 네, 네. 쉬십시오. 네네.
	(전화 끊는다.) 염병할 새끼. 나 아직 살아있어. 살아있다고!

-공터

재호와 벌구 수수 세 명 모여 앉아있고 성준 벤치에 앉아 죽도를 들고 있다.

성준   너 자기소개 해봐.

재호   저요?

성준   그래, 인마. 너 이름이 뭐야

재호   성재호입니다.

성준   그리고?

재호   네?

성준   본인을 소개하라고. (죽도로 머리를 내려친다.)

재호   아야……. 네 저…….는 올해 고등학교 3학년이구요…….
       이름은 성재호입니다.
       우리 동네에서는 이렇게 셋이서 돌아다니고 어…….
       어…….
       우리 삼총사 이름을 한 글자씩 따서 성수동입니다.

성준   성수동?

벌구   예 맞습니다. 형님.
       저 밑에 동네 성수동까지 접수 후 성수동 명물이 되기 위
       해 이름 역시 성수동입니다.
       다시 인사드리겠습니다.

저는 박동엽이라고 합니다. 저의 역할은 성수동에서 전략을 맡고 있습니다.

요즘은 전략 없이 승리할 수 없기에 전략이 가장 중요하다 생각합니다.

성수동을 이만큼 키운 것도 다 제 역할이 크다고 생각합니다.

형님께서 성공하시려면 제가 꼭 필요할 것입니다.

앞으로 모든 전략은 제가 짜겠습니다.

이제 형님에게는 날개가 생겼습니다.

보이십니까?

제 눈에는 보입니다.

아……. 어찌 저리 날개가 크고 멋지단 말인가.

(성준 죽도로 머리를 친다.)

아야야.

성준	그때 그 한나슈퍼는 웬일이냐?
재호	한나네 집 말입니까?
성준	한나? 이름이 한나구나. 친구냐?
수수	친구 아니거든요!!!!
재호	(수수 진정시키며) 아……. 아니……. 한나 선배…….
벌구	아, 그것 역시 제 작전이었습니다.
성준	설명해봐.
벌구	아, 그럼요, 그럼요. 한나는, 아니, 아니. 한나 선배는 용문

고 졸업생입니다.

이번에 졸업하고 홀어머니가 운영하는 한나슈퍼를 6시 이후부터 밤 10시까지 가게를 혼자 보지요. 한나 선배 어머니는 그 시간에 다른 부업으로 구청 청소하러 갑니다. 한나 선배 대학 등록금과 병원비 때문에 투 잡을 하는 거지요. 그 정보는 제가 오랜 관찰 끝에 입수했습니다. 제 생각엔 군량 확보가 우선이라 생각했기 때문이지요. 군량을 확보하고 정비하여 힘을 키운다.

캬~~ 큰 그림입니다. 큰 그림.

성준　그럼 나를 여기까지 부르고 숨어있다 덮친 것도 네 그림 중 하나냐?

벌구　네 그렇습니다. 기가 막힌 작전이었지요.

(성준 죽도 올라간다.) 하지만 그런 기가 막힌 작전이 안 통하시는 분을 만났습니다.

그래서 이렇게 형님으로 모시려고 합니다.

(무릎 꿇는다.) 형님!!! 저희 삼총사를 거둬주십시오.

재호에게 눈치를 주자 재호 같이 엎드린다.

수수　잠깐만…….

그럼 나도 형님이라고 불러야 하는 거야? 난 싫어.

재호　너 또 왜 그래…….

벌구   같이 좀 살자…….

수수   난 형님이라고 안 부를 거야.

          난……. 난……. "오라방". 성준 오라방 이라고 부를 거야.

          그래도 되지. 오라방?

성준   야 니들이 무슨 건달 패거리냐?

          일어나. (일어나려 하나 벌구가 붙잡는다.)

재호   아닙니다. 형님.

벌구   받아주실 때까지 이렇게 사흘이고 나흘이고 앉아있겠습
          니다.

성준   우리가 무슨 건달들도 아니고, 그리고 난 그런 것 싫다.

          그냥 다 함께 별일 없이 함께하면 되는 거지.

재호, 벌구   함께하겠습니다.

수수   나도 함께할래. 오라방.

성준   일어나 니들 나랑 같이 갈 곳 있으니까.

재호, 벌구   네 형님.

성준   형님 소리 하지 말고 따라와.

재호, 벌구   네 형님.

          성준 째려보고 나간다.

재호, 벌구   …….

수수   같이 가 오라방~

-한나슈퍼 앞

첫 등장과 같은 포지션이다.

재호   여기요 계산 좀요.

삼총사 한나를 에워싼다.

재호   사과하러 왔습니다.

벌구   미안……. 아니 죄송합니다.

수수   미안……. 아이씨…….

한나   아, '쿵' 니들 왜 그래 갑자기. '쿵'

재호   우린 형님이 하라면 합니다! 까라면 깝니다!

벌구   그렇습니다!! 우리 형님이 너한테 아, 아니 선배한테 사
          과하라 해서…….

재호, 벌구   어쨌든 죄송합니다!!!

한나   아, 형님 '쿵' 이 누군데 사과를 '쿵' 하라고…….

수수   우리 오라방? 너도 봤잖아. (흘끗 뒤쪽을 눈길로 가리킨다.)

뒤에서 어정쩡하게 서있던 성준 어색하게 웃으며 인사한다.

재호   우린 사과한 거다?

벌구	사과한 기념으로 아이스크림 하나 먹는다. 오케? 더워 뒈지는 줄.

성준, 지나가며 벌구 죽도로 머리 때린다.

성준	아니……. 뭐, 형님은 아니고 그냥 그렇게 됐어요. (아이스크림을 꺼내 들고 무심히 뒤로 던진다. 재호, 벌구, 수수 하나씩 받아든다.)
벌구	오예에에에에에~
재호	잘 먹겠습니다. 형님!
성준	네 개 얼마예요?
한나	어……. 2,000원이요
성준	2,000원에 너도 하나……. (아이스크림을 하나 건넨다.) 아~ 덥다.
한나	'쿵' 아니 난 괜찮은데. '쿵'
수수	뭐야.
성준	(수수 머리를 흩뜨리며) 그동안 네놈들 때문에 괜히 맘고생 했을 거 아니야.
	선배도 시원한 거라도 먹으면서 속 좀 달래야 되지 않겠냐?
벌구	암요 암요!!! 지당하신 말씀입니다.
재호	역시 우리 형님 어찌 이리 생각이 깊으신지.
성준	(한나 살짝 눈치 보며) 아 진짜 그놈의 형님이라고 하지 말라니까…….

다음부턴 꼭 돈 받아요. 니들 돈 내고 먹어!

삼총사　네~~

성준 퇴장.

BG.

웃고 떠드는 모습에 암전.

–성준 집

아빠 이른 시간 분주하지만 기분이 좋다.

아빠　성준아! 인마 몇 신데 아직까지 누워있어! 얼른 일어나서
학교 안 가?
인마! 5시면 일어나서 스트레칭도 좀 하고 아침도 먹고
그리고 가야지.
누구 닮아서 저리 게을러…….

서랍 안쪽 서류를 확인하며 흐뭇하다.
서류를 품에 안아보고 다시 깊은 곳에 넣는다.

아빠	아빠는 쎄 빠지게 고생하러 가는데⋯⋯. 아휴⋯⋯. 너 듣

아빠　아빠는 쎄 빠지게 고생하러 가는데⋯⋯. 아휴⋯⋯. 너 듣
고 있는 거야?

얌마 너 김 사장 알지? 아 며칠 쉴라 그랬더니만 어제 전
화가 와가지고 김 사장이 그렇~~~게 도와 달라고 사정
사정하네. 어쩌겠냐. 나가줘야지.

듣고 있어? 듣고 있냐고? 이 동네 세멘 누가 다 날랐냐?
부터 시작해 가지고 내가 없으면 진행이 안 된다나 뭐라
나 참나⋯⋯. 얌마 성준아~

제 엄마 닮아서 말을 잘 안 들어⋯⋯. 얼른 일어나.

아무튼 아빠는 김 사장 구해주러 갔다 올게. 죽어가는 사
람 살려야지.

아이쿠 늦었다!!! 얌마 밥해놨으니까 꼭 먹고 가! 먼저 나
간다!!

아빠 허둥지둥 퇴장.

-같은 날 오후 공터

재호, 벌구, 수수 모여있다.

재호　아, 그 자식들 그거, 그거 한주먹도 안 되는 것들이 괜찮

냐? (재호 담배를 꺼내 문다.)

벌구 응 괜찮아. 난 괜찮아. 근데 입안이 터졌는지 말이 잘 안 나온다.

재호 히히히 이 새끼 뭐래. 야, 불 좀 줘봐.

벌구 없어.

재호 네가 내 거 가져갔잖아.

벌구 난 싸울 때 라이터를 쥐고 싸우거든 슉, 슉 이렇게, 이렇게.

(수수에게 주먹질하는 벌구. 수수에게 얼굴 밀린다.)

아야야야 아 씨. 이러다 놓쳤어. 미안.

재호 에이씨. 라이타를 몇 번을 사는 거야. 야! 내가 말했지 세상에서 제일 아까운 게 라이타 사는 거라고 라이타는 말이야.

벌구 형님 오셨습니까악!

벌구 (벌떡 일어나며) 형님!!!!

수수 오라바앙~~~ (울면서 성준한테 뛰어가 안긴다.)

성준 뭐야 왜 울고 있어? 어, 너희 얼굴 뭐야. 왜 더 못생겨졌어?

재호 아니 형님, 진짜 어이가 없어가지고.

벌구 우리가 인생에 대해 진지하게 얘기 중에 있었는데 말입죠, 저~~ 밑에 성수동 양아치 새끼들이 갑자기 우리끼리 있는데 시비를 거는 거예요.

수수 계집애 못생겼다고 대놓고 면상을 까질 않나. 그래서 한 딱까리 했어요!

재호 한주먹거리도 안 되는 것들이!! 하여간 이년이 못생겨서 우리가 별꼴을 다 당해.

아오, 진짜. (수수 꿀밤 때리는 시늉)

수수 뭐라고? 이게 진짜! 위로는 못 해줄망정. 근데 진심 내가 그렇게 못생겼냐?

벌구 헙……. 이게 진짜 돌았……. 몰랐어?

재호 아이고야……. 난 모른다. 저년이 머리만 안 좋은 줄 알았더니 눈도 삐었네……. 삐었어.

벌구 근데 진짜 몰랐어?? 하……. 큰일이네……. 얼굴도 얼굴이지만 이 마음이, 마음이 이뻐야 하는데 마음 씀씀이가 거지 같으니……. 으아악.

성준 아후……. 진짜 난 또 뭔 일 있나 했다. 너네도 이제 고3인데 중학생들처럼 싸움이나 하고 다녀서야 되겠냐?

재호 아니 그 자식들이 먼저 시비를 걸었다니까요. 우린 절대 먼저 안 건드려요!

성준 어찌 됐든! 그래도 안 다쳐서 다행이네. 수수 이뻐. 그만 울어.

벌구 헐……. 형님도 돌았……. (성준이가 꿀밤)

수수, 성준의 말에 울면서 웃는다.

BG.

다 같이 도란도란 장난치고 웃으며 암전.

-성준 집

아빠, 앉아서 소주를 들이켜고 있다.

성준   어, 왜 벌써 왔어요?

아빠   싸가지 없는 새끼. 내가 내 집에 들어와 있는데 뭐 잘못
       이냐?

성준   아니, 그 말이 아니잖아요. 무슨 일 있었어요?

아빠   일은 무슨.

성준   근데 왜 또 술은 마시고 있어요? 피곤할 텐데. 술도 못 이
       기면서…….

아빠   이 자식 봐라. 또 제 엄마처럼 아빠 무시하고 있어! 내가
       이깟 술 못 이기냐?

성준   에이 진짜……. 술에 진 거 맞네. (아빠 상 앞에 앉아 술잔을 내민다.)

아빠   자식이~ 고등학생 주제에……. 흐흐 어린놈이 뭘 알겠
       냐. 내 나이쯤 되면 알 거다.
       힘든 날일수록 왜 이렇게 술 생각이 간절한지.
       이런 날은 술에 한 번 져도 되겠다 싶은 그런 날도 있다
       는 걸.

성준 무슨 일 있었네……. 뭔데요? 아버지 괜찮은 거예요?

아빠 인마! 일없어. 그냥 네 말대로 며칠 쉴라고 그랴. 아무 걱
      정 없으니 넌 학교나 열심히 가서 공부나 열심히 해.

성준 알겠어요. (아빠 얼굴을 쳐다본다.)

아빠 내 얼굴에 뭐 묻었냐? 느끼한 놈, 주책 떨지 말고 노래나
      한 곡 해봐. 아빠 18번으로.

성준 (피식, 굴러다니는 소주병에 자연스럽게 수저 꽂으며) 앉으나 서나 당
      신 생각. 앉으나 서나 당신 생각. 떠오르는 당신 모습 피
      할 길 없는 내 마음.

      아빠, 뿌듯하게 성준 바라보다 더 크게 부른다.

      암전.

-공터

___

      재호, 벌구, 수수가 모여 성준을 기다린다.

수수 왜 이리 안 오지?

재호 오겠지. 뭐 이리 급해.

벌구 옷 갈아입고 왔다 갔다 하려니 엄청 바쁠걸?

수수	뭐?

성준 등장 수수 성준 옆에 붙는다.

수수	오라방~
성준	많이 기다렸어?
재호, 벌구	오셨습니까 형님. 바빠 보이십니다. 형님.
성준	아니야, 아니야. 흠……. 내가 부탁한 건?

수수 수학의 정석을 건넨다.

성준	어……. 이거 맞아 고마워.
재호	형님! 수학 공부할 때 쓰시라고 저희가 또 다른 걸 준비 했습니다.
삼총사	빠~ 바바바~빠 밤~~~
재호	밑변 곱하기……. 그거요! (매우 큰 삼각자를 건넨다.)
성준	어? 그래 고맙다.
수수	우리 다 같이 사진 찍어요.

수수 이들의 추억을 핸드폰 사진에 담는다.

성준	내가 학교 다닌 지가 꽤 돼서 그런데…….

아, 왜 이렇게 숨이 차냐. (성준 공터 벤치에 앉는다.) 흠……. 요새 학교 시험 어렵냐?

재호, 벌구 번갈아 쳐다보더니.

재호   형님이 묻잖아! 새끼야!

벌구   아 이게 진짜! 뭘 알아야 대답하지!

재호   형님, 저흰 이렇게 생각합니다. 시험이 왜 우리 인생에서 그렇게 중요한 것인가. 그깟 종이 한 장이 왜 우리를 평가하는가. 시험이 어려운 것이 중요한가.
우리는 이……. 정해진 답도 없는 대~단한 인생을 풀어나가는데 왜 그깟 시험을 걱정하는가.

벌구   큭큭, 뭐라는 거야? 형님, 저희는 마음과 머리를 비우고 그냥 겸허하게 받아들이려고 합니다. 자연스럽게~ 시험지를 받으면 마음과 머리가 시키는 대로 꽉꽉 찍어 내려가면 된다니까요!

수수   아오. 이 무식한 것들. 오라방 쟤네는 시험은 일찍 끝나서 좋은 날! 딱 그 이상도 이하도 아니에요. 우리 같이 스터디 할까요?

성준   아! 수수는 공부를 좀 하는구나?

벌구   꺄캭, 형님 우리 셋 중에 쟤가 젤 떨어져요! 아직도 쟤를 이겨본 적이 없어요.

재호	난 여자애들은 공부 다 잘하는 줄 알았잖아. 수수 알기 전까지.
수수	야! 내가 안 해서 그렇지 나 머리는 좋거든!
벌구	야 넌 그냥 이번 생은 글렀다 생각해. 요 위로는 다. 머리든 얼굴이든.
재호	아. 걔! 한나! 아니 한나 선배 공부 엄청 잘하잖아! 장학금도 매번 받고.

마침 한나 지나간다.

수수	헐, 소름. 저거, 저거 어디 숨어서 우리 얘기 듣고 있다가 지 칭찬하니까 기어 나온 거 아냐?
성준	수수! (째릿 한 후 한나에게 가서 정답게 얘기 나눈다.)

수수, 다정한 둘의 모습을 한참 째려본다.

수수	나……. 갈래. (수수 퇴장)
재호	쟨 또 왜 저래. 아우 진짜. (따라 퇴장)
벌구	형님! 저흰 먼저 갑니다!

서로 인사하며 퇴장.

푸른 봄

성준　우리도 갈까?

　　　　한나, 성준 함께 걷다 대화하며 퇴장.

한나　네. 근데 이건 뭐예요? (어깨에 멘 삼각자를 가리키며)
성준　아, 이거……. 재호랑 애들이 수학 공부할 때 쓰라고 줬어.
한나　너무 커서 필요 없는데…….

　　　　쾅! (큰 삼각자 바닥에 떨어뜨리는 소리가 들린다.)

성준　애들이 착해.

-한나슈퍼 앞

　　　　한나, 성준 함께 걸어 들어오며.

성준　그래서, 나 수학만 좀 봐주면 안 될까? 나 나름 학교 다닐
　　　　때 공부 좀 했었는데…….
　　　　수학은 안 하다 하려니 진짜 힘들더라고……. 아 문과로
　　　　갈 걸…….
한나　네. 가르쳐 드릴게요. 저 슈퍼에 있을 때 오면 될 것 같아요.

예전에는 그래도 좀 바빴는데…….

이제 우리 한나슈퍼는 단골손님 몇 분 정도만 가끔 오셔
서 한가하거든요.

수수, 성준이 버리고 간 큰 삼각대를 어깨에 메고 성준 집으로
향하던 중 둘을 발견하고 숨는다.

성준   아, 그렇구나……. 내가 가서 도와줄 일 있으면 도와줄게!
나 이래 봬도 힘세다!
무거운 거 이런 것도 다 옮겨줄 수 있어.

한나   알겠어요, 오빠.

성준   오빠? 아, 내가 오빠지. 하하……. 근데 어떻게 알았어?
내 나이? 내가 말했었나?

한나   아……. 저……. '쿵'……. 그게……. 저번에……. '쿵' 술
사러 왔을 '쿵' 때…….

성준   아~ 그랬구나. 근데 그걸 기억해? 나한테 그렇게 관심이
많은 줄 몰랐네.

한나   아……. 아니……. '쿵'…….손님이 자주 없 '쿵' 으니
까……. 기억이 나서, 또 젊은 사람은 '쿵' 자주 안 오 '쿵'
니까 그래서요.

성준   크크큭. 귀엽다. 벌써 다 왔네. 얼른 들어가.

수수 이 둘의 모습을 몰래 카메라에 담는다.

한나   아, 응 '쿵' 아, 맞다. 이거 엄마가 아저씨 전해주라 하셨어
        요. 이번 관리비 안내문인가 봐요. (봉투 건넨다.) 그럼 잘 가
        요. 오빠. (한나슈퍼 안으로 빠르게 들어간다.)
성준   하하. 오빠?……. 오빠 참 좋네. (성준 집으로 들어간다.)

수수 둘의 모습에 속상하다.

수수   오빠? 오빠~~아? 헛……. 미친…….

-한나슈퍼

한나 앉아서 책을 보다 내려놓고 거울을 들여다본다.

성준   한나야!

깜짝 놀란 한나 거울을 덮으며 벌떡 일어난다.

한나   아 '쿵' 아 오……. '쿵' 빠 ! 놀랐잖아 '쿵' 요.
성준   거울 안 봐도 이쁜데 뭘.

한나	아……. '쿵'……. 아니……. 그냥……. 본 건데…….
성준	크큭. 귀여워.
한나	후……. 이제 공부하 '쿵' 죠!
성준	그래! 공부하 '쿵' 자!
한나	아……. 진짜……. '쿵'
성준	크큭……. 본격적으로 수업 시작하기 전에 뭐 하나 물어 봐도 돼?
한나	'쿵' 뭐……. 뭔데요?
성준	아니 다름이 아니라 우리 처음 만나던 날 성수동 애들이 한나 널 꽤 오래 괴롭혔던 거 같던데 왜 그래?
한나	아……. 그게……. 원래는 저랑 재호랑 동엽이랑 수수랑 친했어요. 어렸을 때부터 같은 동네 사니까……. 내가 어 렸을 때부터 낯도 많이 가리고 당황하면 '쿵쿵'하는 버릇 때문에 다른 애들이 맨날 쿵쿵이라고 놀려서 울기도 많 이 울고 했었는데……. 성수동 애들이 맨날 나 대신 다른 애들 혼내주고 때려주 고 했었어요. 그랬었는데……. 우리 참 사이 좋았었는데. (시무룩…….)
성준	그래? 한나랑 성수동 애들이랑 친했다니까 되게 의외다.
한나	(표정 밝아지며) 우리 어렸을 때 얼마나 재밌었다고요. 맨 날, 맨날 재호네서 비디오 영화도 같이 보고 밤새 엄마들 이 찾을 때까지 숨바꼭질도 하고, 한 발 뛰기도 했었는

데……. 하하하……. 한 발 뛰기 알아요? 그거 엄청 재밌는데…….

그리고 뭐더라 아! 신발 멀리 던지기!

벌구가 그거 하나는 진짜 잘해요~! 한번은 새 신발을 신고 와서 한참을 자랑하더니 새 신발은 더 멀리 날아간다면서 자신만만하게 차버렸는데요……. 하필 지나가던 트럭에 떨어져서는 그대로 싣고 가는 바람에 그날 벌구 엄청 혼나고 빨가벗겨져서 현관문 앞에 쫓겨났었어요. 하하하하……. 하하……. (고개 푹)

성준 한나야…….

한나 그렇게 우리는 하루하루 재밌었어요. 난 성수동 애들만 있으면 그저 즐거웠어요…….

하후……. (크게 숨 쉬고는) 그런데 중학교 2학년 때……. 그날 내가 몸이 아파서 조퇴를 하고 집에 가는데 다른 중학교 남자애들이 나한테 다가와서는 툭툭 건드리더라고요. (건달 흉내 내며 성준에게) "야! 우리랑 같이 놀자."

성준 "야! 우리랑 같이 놀자." (한나의 말 따라 한다.)

한나 "이 기집애 새침하네."

성준 "이 기집애 새침하네." (한나의 말 따라 한다.)

한나 (관객에게 다가가) "야!! 우리랑 같이 놀자." (관객이 따라 할 수 있도록 유도하며 자리에서 일으킨다.)

관객 "야 우리랑 같이 놀자."

한나   "이 기집애 새침하네." (또 다른 관객 일으키며)

관객   "이 기집애 새침하네." (관객의 양손 한나의 어깨 위에 올리고)

한나   너무 괴로웠어요…….

       몸도 아픈데 주변 사람들은 그냥 다 친구인 줄 알고 무심

       히 지나가 버리더라고요…….

       그렇게 아무 대응도 못 하고 그 패거리에 맥없이 끌려가

       고 있었는데…….

       성수동 등장.

성, 수, 동   한나야~~

한나   한나야, 하고 부르더라고요……. 피식……. 이 바보들

       이…….

       나 조퇴했다는 말 듣고 자기네들도 아프다 하고 빠져나

       왔대요.

벌구   난 담임 선생님이 안 믿어줘서 그냥 나왔다.

한나   그 말을 듣는 순간 긴장이 풀려서 털썩 주저앉아서 무릎

       이 다 까졌었어요.

       한나 무대 중앙에서 무릎 꿇고, 수수 달려와서 한나 감싼다.

재호   니네들 뭐냐? 어서 굴러먹던 밥버러지들이 감히 우리 성
       수동에 진입했냐?

벌구   우리 소문을 아직 못 들었나 보네?? 우리 성수동이야 성
       수동~!!! 이거 왜 이르셔!!

수수   니네 다 죽었어!!! 쟤들은 우리한테 맡기고 한나야 얼른
       집에 가. 집에서 기다려!

성, 수, 동   이야아아아아.

       성,수,동 후다다닥 관객 자리에 앉히고 퇴장.

한나   애……. '쿵'……. 얘들아!!

       성수동 간 곳을 계속 쳐다본다.

       성준 한나에게 다가간다.

한나   그리고 난 집에 갔어요……. 한참을 기다려도 그날 성수
       동 애들이 우리 집에 오지를 않더라고요……. 다음 날
       학교에 갔는데……. 학교에서도 애들이 보이지 않았어
       요…….
       조회할 때 선생님이 그러시더라고요. 그날 싸우는 와중
       에 다른 학교 애가 좀 많이 다쳤다고요……. 나도 오후에

경찰서 참고인 진술서 써야 한다 해서 경찰서에 갔는데

무대 한편에 조명 비춘다.

엉망진창이 된 성수동.

성, 수, 동   한나야!

수수   너 몸은 괜찮아?

벌구   내가 얼마나 빠른지 네가 봤었어야 하는데. 슈슈슉!!

재호   배고프다. 두부는? 두부 사 왔어?

그저 해맑은 성수동.

조명 아웃.

한나   바보들……. 얼굴이 엉망이 돼서는 날 보면서 웃는
데……. 아직도 그 모습을 잊지 못해요.
성수동 애들은 결국 1년 정학 처분을 받고 사회봉사 처분
을 받았는데, 우리 아빠가 손을 쓴 모양이더라고요…….
심지어 애들한테는 나 찾아오지도 연락도 말라고, 깡패
같은 문제아들이랑 놀다가 내 딸 인생 망칠 거냐고…….
그 후로 그 소문을 증명이라도 하듯 애들이 보이지 않더

라고요. 집에 찾아가도 떠밀리기만 하고……

그러다 갑자기 나 고2 때 성수동 애들은 1학년으로 들어

왔어요…….

성준   그랬구나…….

한나   근데 그거 알아요? 다른 사람 맘 아프게 하고 찢어놓으면

부메랑처럼 똑같이 돌아와요. 얼마 지나지 않아서 우리

아빠 사업 망하고 그 충격으로 돌아가셨어요.

엄마가 겨우겨우 빚 갚고 고생해서 이 슈퍼도 차린 거구요.

그 후에 어떻게 애들이 알았는지 찾아왔더라고요…….

기쁘고 너무 반가운데 한편으론 괴로웠어요…….

성준   그런 속사정이 있는지 몰랐네. 성수동 애들이랑 얽힌 매

듭은 천천히 풀어보자.

후두두둑 비가 온다.

음악.

성준 한나를 데리고 한나슈퍼로 비를 피한다.

성준, 한나 잡고 있던 손을 바라보다 놓고 다른 처마 밑으로 비

를 피한다.

성준   풀릴 거야.

한나	풀어갈 수 있을까요?
성준	풀리지 않을까?……. 언젠간 풀리겠지…….

술에 취한 성준 아빠 우산 쓰고 등장.

아빠	이놈의 여편네가 비도 오는데 또 어딜 기어나간 거야. (성
	준 모를 찾아 헤맨다.)
	(관객에게) 성준 엄마! 아니 죄송합니다. (성준 모 해줄 만한 관객
	을 찾는다. 남자밖에 없다면 가발 준비. 관객 무대 위로)
	아이고 성준 엄마! 이렇게 비도 오는데 또 어딜 갔다 오
	는 거야? (우산 씌어주며 무대 중앙으로)
성준	나도 풀리지 않을 것만 같던 일이 있었어.
아빠	아이, 조금 마셨어. 조금.
	(관객은 우산을 들고 중앙에 서있다. 관객을 성준 모로 가정하고 표현한다.)
	저……. 돈 있지? 돈 좀 줘.
한나	그래요? 지금은 풀렸어요?
성준	글쎄……. 풀리고 있는 중이야.

거세지는 빗소리.

성준	언제부턴가 아빠는 일하지 않고 매일 집에서 술만 마셨어.
	집에 벌어다 주는 돈이 없으니 엄마가 일하시기 시작했

고. 아빠는 일하는 곳에 찾아가 매번 술값을 받고 돈이 없을 땐 지금까지 일한 돈 내놓으라고 가게에서 행패를 부리고……

엄마는 아빠가 모르는 곳에서 일하기 시작했지. 집에도 아빠가 술에 취해 잠들면 들어오고 그러다 잡히면 또 얻어맞고 어렸을 때 아빠한테 무지하게 많이 맞았었어.

나도 엄마도.

아빠   이놈의 여편네가. (손을 치켜든다.)

쾅쾅 천둥 친다.

한나 놀라서 성준에게 다가간다.

아빠   아까 저놈은 누구야?

이번엔 저놈이냐?

돈 좀 번다고 남편을 무시하는 거야? 이제 대꾸도 안 해?

빗소리 잦아든다.

아빠   (나온 관객 옆자리의 남자에게) 이 보셔, 당신 성준 엄마 알지?

지금까지 같이 있었잖아?

그렇게 좋아? 같이 있고 싶지? 어? 돈 좀 있어? (나온 관객 자리에 앉힌다.)

성준　엄마는 그날 집을 나갔어.

처음엔 맨날 때리는 아빠가 미웠지만, 그다음엔 날 두고 떠난 엄마가 밉더라.

내가 뭘 잘못했는지…….

다른 가족은 행복해 보이기만 하던데 왜 나한테만 이러는 건지…….

어느 날은 아빠가 또 때리길래 같이 때렸어. 그리고 집을 나갔지.

그 뒤 여기저기에서 일하며 악착같이 돈을 모았어. 1년……. 2년……. (비 멈춘다.)

어느 날 아빠가 찾아왔어. 돈이 필요하다고 처음이자 마지막이라고. (아빠 성준에게 봉투를 건네받는다.)

난 또 어디가 아픈가 해서 모아둔 돈을 다 줬지. 그래도 아빠라고 걱정되더라.

그랬는데…….

아빠는 그 돈을 엄마한테 줬어. (성준 모 관객에게 다가가 봉투를 건넨다.)

엄마가 새로운 남자 만나서 새로운 시작하는데 그래도 돈은 있어야 하지 않겠냐고.

참……. 때린 아빠도 밉고, 우리 버리고 간 엄마도 밉고…….

사랑하니 그런 거래.

아빠	(돌아서 떠나는 아빠 무대 중앙에서 되돌아보며) 미안해. 행복해야

해. 가끔 찾아와도 되지? 나 가네.

수수, 한 손에 문제집을 들고 등장. 이 둘을 발견하고 바라보고
있다.

성준	끝까지 책임진 사랑인지 끝까지 책임지지 못한 사랑인

지…….

한나	어쨌든 사랑이네요. (성준, 한나 바라보고 미소 짓는다.)

나도 왜 나한테만 이런 일들이 있는지…….

이 세상에서 나만 제일 힘들고 나만 불행하고……. 그래
서 너무 억울하기도 했어요.

난 아무 잘못도 없는데……. 난 열심히 산 것밖에 없는
데……. 그런데 세상은 나 혼자 열심히, 착하게 산다고
되는 일이 아니더라고요. 내가 일부러 상처 주지 않아
도 상처가 되는 일이 있더라고요……. 저희 아빠의 잘못
도……. 절 걱정해서, 사랑해서 그랬을 텐데……. 그 애들
한테는 상처가 되어버린 것처럼요.

한나와 성준 손을 잡고 있음을 모르고 있다 인식한다.

한나	아 '쿵' 근……. 데 손 '쿵' 좀……. 놔줄……. '쿵' 래요?

성준   아!!!

놀라며 한나의 손을 놨다가 확 안아버리는 성준.

수수, 지켜보고 있다가 돌아선다.

아빠   동작 그만!

한나, 성준 놀라서 떨어지고 수수 퇴장.

아빠   이런 싸가지 없는 새끼! 공부하라고 보내놨더니 연애질
        하고 있네.
성준   아, 아부지 그런 거 아녜요. 한나야 얼른 들어가
한나   아 '쿵' 저씨, 아……. '쿵' 안녕하 '쿵' 세요……. 아! 안녕
        히 '쿵쿵' 들어가세 '쿵' 요.
아빠   아 예~ 아랫집 처자. (들어간 걸 확인하고) 쟤 지금 뭐라는 거
        냐? '쿵쿵' 뭐라고?
성준   아버지 얼른 들어가요. 출출한데 라면 끓일까?

암전.

푸른 봄

-한나슈퍼

한나 한나슈퍼 앞 의자에 앉아 무언가 하고 있다.

성준 한나슈퍼를 지나다 한나를 발견하고 뒤에서 눈을 가린다.

성준   움직이지 마.

한나   꺄 누구세 '쿵' 요. (하던 걸 감춘다.)

성준   내가 누굴까 "쿵쿵" 공주.

한나   아…….놀랐잖아요.

성준   무얼 감춘 거지?

한나   이거 놔줘요. 케잌 다 망가져요.

성준   케잌? 이게 뭐야? 초코파이 아냐?

한나   오늘이 재호 생일이에요. 예전에 우리끼리 이렇게 챙겨
       줬거든요.
       그날 이후론 챙겨준 적이 없어서…….

성준   아 그래서 여기로 다 모이는 거였어?

한나   아니요. 애들은 재호 생일인지 몰라요.

벌구 뛰어나온다.

벌구   아 형님 일찍도 나오셨네요.
       아니 일찍 나오셨습니까?

아니, 아니, 그게 아니라 반갑습니다.

한나 선배 초코파이 한 상자 줘.

성준   이거 만들라고?

벌구   이게 뭐야. 빠르십니다. 형님.

성준   한나가 만든 거야.

벌구   한나가 더 빠르십니……. 한나가요?

한나   원래 내가 담당이었잖아. 너희들끼리도 매년 챙겨줬던
       거야?

벌구   아, 그럼. 올해부턴 진짜 케잌으로 하기로 했지만, 우린
       아직 학생이니까…….
       잊지 않았구나? 초는 있어? 자 여기.

수수   이쪽이야!

벌구   신호가 옵니다. 자 빨리빨리.

성준 한나에게 신호를 주고 한나 숨는다.

재호   아……. 어디야 안 보여. 조금만 더 가면 되는 거지?

수수   야, 갑자기 눈은 왜 감아?

재호   뭐, 뭐? 눈에 뭐가 들어갔는데 뭐, 뭐.

수수 등장.

푸른 봄

수수	어, 오라방. (재호에게) 준비 안 했어?
벌구	어, 그게……. (수수에게 눈짓한다.)
재호	이쪽이야! 우헤헤헤헤헤헤. 하나, 둘, 셋……. 뭐야.

재호 이리저리 둘러본다.

수수	뭐야, 벌구? 신호 못 들었어? 야, 다시 해야겠다. 저쪽부터.
재호	아니, 나 진짜 안 보면서 왔는데 뭐야? 나 안 해. 나 갈래.
성준	뭘 다시 해 여기 다 모였는데. 어딜 가?
재호	형님은 뭣도 모르면서 그러는 거 아닙니다. 이게 우리끼리 전통인데, 이쪽이야 하면
성준	이쪽이야!

한나 초코파이 케익 들고 등장.

벌구, 수수, 한나	빠·빠·빠라·빠 빠·빠·빠라·빠 (재호도 같이) 빠·빠·빠라·빠 빠 빠·빠·빠라·빠.
	축하합니다. 축하합니다. 사랑하는 성재호 생일을 축하합니다~
	생일 축하합니다~~ (삼총사 춤을 추며 즐거워한다.)
재호	우헤헤헤 이런 거 너무 좋아. 굿 굿 굿 굿. 포 굿~~~~~

굿이 네 개라서 포 굿입니다.

수수　째호! 생일 축하한다. 자 선물.

재호　아, 뭐……. 이런 걸 다 참……. 고마워.

벌구　야, 난 선물 준비 못 했는데.

재호　됐어 초코케잌이 선물이지. (수수의 선물을 뜯는다.)

벌구　그게, 내가 하려고 했는데 한나가…….

수수　한나가?

한나　아니야, 아니야 같이 한 거야.

성준　그래, 벌구는 초를 준비하고 한나가 케잌. 나만 준비한 게
　　　없네.

　　　좋아 그럼 내가 쏜다. (주머니를 뒤적거린다.) 음……. 3,000원
　　　어치만.

재호　오예~~스. 간만에 한잔해야겠네. 한나, 벌구 쌩유~ 말로
　　　만 듣던, 소문으로만 듣던, 쥐포를 바로 구워 먹을 수 있
　　　다는 쥐포 라이타!! 수수 쌩유예요~
　　　여기서 상 펴지요, 형님.

한나　니들 술도 마셔? 안 돼! 그러다 걸리면

수수　뭔 소리야, 우리 다 민자 아니거든. 넌 학교에서 술 안 마
　　　시냐?
　　　지만 어른인 척…….

벌구　그래, 우리도 다 성인이야 비록 아침마다 교복을 챙겨야
　　　하는 비극의 연속이지만 법적으로 다 성인이지.

성준	한나가 얘기하는 건 니들 옷이.
한나	아니에요. 성준 오빠.
수수	성준 오빠?
한나	미안……. 그래, 술은 내가 쏠게. 앉아, 앉아.
벌구	오케이 그림대로 되고 있어, 되고 있어.
재호	컵라면에 깡새우요~~~
성준	도와줄까?
한나	아니에요.
수수	오라방은 여기 앉아요. 야 재호 앉아.
한나	금방 가져올게.
재호	네가 앉으라면 내가 앉는 그런……. 사람이야. 나한테 선물 준 사람인데 <u>흐흐흐</u>.
벌구	자, 자 다들 앉으시고 오늘 사회는 제가 보겠습니다. 아, 저기 준비된 음식이 오네요.
한나	물은 끓이고 있어.
벌구	한나는 형님 옆에 앉고. 자 다들 술잔에 술을 따르시고 거국적으로 한잔하겠습니다.
재호	따르시오, 따르시오. 뭐해! 빨리 따라.
수수	아이씨!
재호	나 생일이다.
성준	내가 한 잔씩 따를게.
벌구	좋다~~ 좋아요. 자, 자 다들 따르셨으면 재호 생일을 위

하여~

다 같이 위하여!

벌구 크아아아아 쓰다.

성준 하지만 끝 맛은 달지.

재호 크아아~ 어라 진짜 다네.

성준 그게 인생이란다.

재호 누가요? 한나가요?

수수 뭐래 저 병신이.

재호 우헤헤헤헤 아니, 둘이 저렇게 앉아있는 게 잘 어울려서.

한나 아니야 '쿵'.

벌구 뭐야 왜 갑자기 '쿵쿵' 대.

성준 우리 아버지가. 우리 아빠가 한 말이야.

이렇게 첫맛은 쓰지만, 끝 맛은 달대. 그래서 계속해서 마

시는 거고.

벌구 집에서도 술 자주 드시나 봐요. 형님.

성준 자주는 아니고 가끔. 니들은 언제부터 술 마셨냐?

수수 우리도 자주는 아니고 가끔 마셔요.

수수 일어나 한나와 성준 사이에 앉는다.

수수 오라방 우리 진실게임 할래요?

성준 진실게임? 그래.

벌구   오~~~~~ 재미나집니다. 재미나져요. 진실을 말하지 않
       으면 두 잔.
       두구두구두구두구 첫 번째 질문은, 두구두구두구두구.
수수   내가 먼저 할게. 한나. 너 이 중에 좋아하는 사람 있지?
재호   얼~~~~~~ 있으면 마시는 건가? 없으면 마시는 건가?
벌구   대답하기 곤란하면 마시는 거지.

       한나에게 모두 집중한다.

한나   있어.
수수   누구? 누구인데?
재호   나? 나는 아니지? 아무리 생일이라 해도 이거 이렇게 고
       백받으면 곤란해요.
벌구   노노~ 질문은 하나씩
       이제 한나의 질문입니다.
한나   모두에게 해도 되는 거야?
벌구   아, 그럼 그렇지. 이렇게 질문 전에 미리 말하는 거지. 수
       수 룰 좀 이해하고 오케?
       좋아 자 이어지는 질문 무슨 질문일까요~ 두구두구두구
       두구.

       다시 한나에게 집중된다.

벌구, 재호   두구두구두구두구

한나   니들은 꿈이 있어?

(정적)

재호   에이 시시하게. 야 한 잔 주라.

벌구   에이 잼 없게 진짜. 물 끓는다. 라면 물 부어 올게.

수수   넌 뭔 꿈이 그렇게 거창해서 묻는 건데? 넌 대학도 갔잖아.

한나   미안해.

다들 멈추고 벌구 잠시 후 가게 안으로 들어간다.

재호   어, 어? 지난 일인데 아니, 아니 수수야. 아니 야, 벌구야
       너 물 얼마큼 부을라고.

재호 가게 안으로 들어간다.

한나   나 때문에 니들만…….
       우리 그때 얘기 많이 했었는데 나만 대학 가고 니들은 나
       때문에…….

성준   한나가 니들 얘기 많이 하더라. 한나야 천천히 얘기해. (휴
       지를 한나에게 건넨다.)

한나   나 때문에 니들 꿈이 사라진 건 아닌지. 잘들 하고는 있는 건지 매일 궁금하고 걱정했어. 그때마다 먼저 연락할까도 생각했지만, 그 일 후 얼마 안 있어서 아빠가 돌아가셔서 연락도 못 했어. 미안해. 정말 미안해. 내 사과를 받아줘.

벌구, 재호 뒤에서 지켜보고 있다.

수수   그게…….

벌구, 재호   받아줘, 받아줘.

벌구   어 받았어, 받아줘. (재호에게 컵라면을 건넨다.)

재호   어 받았지, 받았어. 받아줘. (수수에게 컵라면을 건넨다.)

수수   받았어.

벌구   오케~~ 자자 진실게임은 여기까지 하고 흥 좀 올리자.

재호   그래, 이런 분위기 이거, 이거 못 버티겠다.

성준   그래, 노래 한 곡 해봐.

벌구   그래, 그래. 재호 꿈이 또 가수 아닙니까, 가수.
       재호야 한 곡 뽑아~

재호   그럴까? 흠흠 신청 곡, 신청 곡.

성준   우리 아빠 18번 '앉으나 서나 당신 생각'!

벌구   누굴 그렇게 생각하신대요?

수수   뭐래 잰 또?

벌구   아니 누굴 그렇게 생각하냐 이거지. 아버님 혼자라 그러지 않았나요? 형님?

혹시……. 다른 분 생긴 건 아닐까요? 아니면 어머니?

한나   장난 그만해.

수수   야, 벌구! 가족은 건드는 거 아니다. 너 진짜 그러다 뒈진다.

벌구   아니, 우리 엄만 아빠랑 헤어지더니 바로 딴사람 만나던데.

수수   하~ 나 진짜 그걸 또 여기다 왜 갖다 붙여?

성준   아니야, 아니야. 나도 궁금해서 물어봤어. 근데 엄만 아닌 것 같고…….

벌구   그럼 뭐라는데요?

성준   그리움. 지나간 청춘에 대한 그리움? 잘못된 지나간 것에 있어 용서는 하되 잊지는 마라? 몰라, 듣다 보면 뭔가가 와.

재호   그렇죠, 뭐든 듣다 보면 필이 옵니다. 자, 그럼 노래방 버전으로.

마이크는 이렇게 장착하고 아~~

에코 버전으로 시원하게 불러드립지요.

안즈나나 서서나나 다당시신 새생가가가각

안즈나나 서서나나 다당시신 새생가가가각

수수   오~~~ 뭐야 소오름~~~

재호의 노래에 분위기가 바뀌고 시끌벅적하다.

성준의 핸드폰 울린다.

성준 자리를 피해 전화를 받고 한나와 삼총사 즐겁다.

성준	여보세요? 네 병호 아저씨 안녕하세요.
	네, 별일 없으시죠? 지금요? 그냥……. 친구 생일이라서요.
	아빠가요? 네……. 어디로 가면 되죠? 아, 네. 지금 밑으
	로 내려가면 되나요?
	네. 네. 알겠습니다. 감사합니다.
수수	무슨 일이에요?
성준	어, 암것도 아니야.
수수	이제 오라방 차례예요. 한 곡 부르시죠~
성준	미안. 오늘은 여기까지만 놀고 난 빠져야겠다.
재호	에이~ 무슨 말씀을 그리 섭섭하게~ 내 생일인데~ 자, 자
	마이크를 넘기겠습니다.
성준	생일 진짜 축하한다. 내가 급한 일이 있어서.
벌구	급한 일이 있을 땐 급하게 노는 겨~~ 이렇게, 이렇게. (벌
	구 이상한 춤을 춘다.)
재호	그렇지. 이렇게, 이렇게
한나	잠깐만, 얘들아. 지금 가봐야 하는 거죠? 안 좋은 일이에요?
성준	아빠가 일하시다 쓰러지셨대.
한나	네? 아저씨가요? 어쩌시다가요? 괜찮으시대요? 어디시
	라는데요?
성준	지금은 괜찮으시대. 아빠 친구가 언덕 밑에까지 데려다
	주신대서 이제 내려가 봐야 할 것 같아.
한나	네 빨리 가봐요. 우린 신경 쓰지 말고요.

수수   그래, 오라방. 신경 끄고 빨리 갔다 와요.

벌구, 재호   다녀오십시오. 형님.

한나   저희도 이제 정리할게요. 빨리 가요.

성준   어, 그래 미안. 나 먼저 좀 갈게. 재호 생일 축하한다.

재호   감사합니다. 형님.

성준 퇴장.

벌구   자, 그럼 우린 급하게, 급하게 계속해서 놀겠습니다.

재호   그렇지. 그렇지 흔들고, 흔들고.

수수   야, 니네는 지금 이 상황에서 춤이 나오냐?

벌구   왜? 왜 안 나와? 계속 나오는데~

재호   그래, 뭐 지금은 괜찮으시다잖아.

           생일인데 이 정도는 놀아 줘야지. 흔들고 쫙 흔들고 쫙.

수수   어~ 뭐야~~ 미친 크크크크.

한나   성준 오빠 생각도 해야지.

벌구   오빠도 생각해야지. 해야지.

재호   오빠, 오빠. 성준 오빠 댄스~~

수수   야 잠깐만.

벌구   잠깐만, 잠깐만 댄스~

수수 벌구 걸어찬다.

                             푸른 봄

벌구 아, 이게 진짜.

수수 진짜 뭐? 뭐! (벌구, 재호 추던 춤 멈춘다.) 야, 한나. 너 아까 좋아하는 사람 있다는 거 누구야? 성준 오라방이야? 똑바로 말해.

한나 뭐? '쿵'……. 뭐……. 뭐가?

아빠, 성준 등장.

아빠 놔 인마. 괜찮다니까. 그 자식은 뭐 별일이라고 전화를 해서 지랄이야 지랄은. 염병할.

성준 아, 잡아요.

재호 아, 형님……. 의 아버지…….

벌구, 재호 안녕하세요.

한나, 수수 안녕하세요.

아빠 어……. 성준이 친구들이구나? 여기서 놀고들 있었어.

재호 아 네. 오늘이 제 생일이라서요. 가볍게 한잔하면서 (수수 발로 걷어찬다.) 가 아니라 저희가 이렇게 모여……. 모여서…….

벌구 꿈에 대해 이야기하고 있었습니다. 꿈.

아빠 꿈?

재호 네. 제 꿈은 가수입니다. 앉으나 서서서나나 다당시신생 가가각.

아빠	허허 그놈. 인물이네 인물이야. 그래 난 들어갈 테니 적당
	히 마시고 들어와.
한나	아니에요. 아저씨 우리도 이제 막 정리하던 중이었어요.
오빠	빨리 모시고 들어가 쉬어요. 그렇지 얘들아?
벌구	아, 그럼. 자 다들 치우자고. 조심히 들어가세요.
재호, 수수	어, 그……. 그래. 조심히 들어가세요. (정리한다.)
한나	조심히 들어가세요.
성준	한나야 이따가 통화하자. (아빠 재호의 노래를 연습하며 퇴장)
	그럼 먼저 들어갈게. 얘들아 나 먼저 간다. 오늘 즐거웠어.

수수 한나와 성준의 대화를 듣고 서서 바라보고 있다. 돌아서는
한나와 눈 마주치고, 한나 멋쩍게 웃으며 자리를 피해 술자리를
정리한다.

-성준 집

아빠	(들어오며) 앉으나나 서서나나나, 허 참 그놈. 그 여자애랑
	연애라도 하냐?
성준	그런 거 아니에요. 언제부터 그런 거예요?
아빠	허긴……. 내가 네 엄마 처음 만났을 때도 21살이었
	지……. 크크큭.

성준   아 진짜!!!

아빠   좋을 때다~~ 넌 꿈이 뭐냐? 옛날엔 남들 돕는 소방관이
       라 했는데. 바뀌었냐?

성준   그만 거 안 해요. 없어. 병호 아저씨한테도 처음에 말 안 했
       다면서. 언제부터 그런 거야 진짜……. 병원은 왜 안 가요?

아빠   돈 아깝게 병원은 염병할……. 약 한 번 먹으면 되는 거
       지. 근데 이놈아.
       새파란 청춘에 어떻게 꿈도 없이 사냐?

성준   그깟 꿈 꾸면 뭐 해요. 꿀 수나 있겠어요? 꿈이 꿈이지.
       돈! 돈! 그냥 난 무조건 돈 벌 거예요. (이부자리를 편다.)

아빠   ……그렇게 악착같이 돈 벌어서 어디다 쓰게? (이부자리 치
       우며 방 한편에 남은 소주를 꺼내 든다.)

성준   돈 벌면 쓸 데야 많죠. 사고 싶은 거, 먹고 싶은 거, 아빠
       병원비까지 다 걱정 안 하고.
       지금 뭐하는 거예요? (소주병을 빼앗으려 한다.)

아빠   이 싸가지 없는 새끼……. (소주 빼앗기지 않고) 약 먹는다. 약
       먹어. 이게 내 약이야. (소주 마신다.) 크~~~~ 어린 놈이 벌
       써부터 돈, 돈, 돈!
       누가 너한테 돈 벌어오라 그러든? 누가 너한테 병원비 대
       라 그랬어? 어?
       누가, 누가 너한테 꿈도 꾸지 말고 그깟 돈 벌어오라고 했
       냐고! 싸가지 없는 새끼.

성준	현실이 그렇잖아, 현실이! 내가 꿈꾼다고 뭐가 달라져요? 돈이 있어야 꿈도 꿀 수 있는 거 아니에요? 돈이 있어야 제대로 된 약도 사지. (소주병 빼앗는다.) 그깟 돈? 그깟 돈에 사람 인생이 달라져요. 사람 목숨이 왔다 갔다 한다고요. 그리고 왜 아버지는, 아버지는 그렇게 아프면서 나한테 말 한마디 안 했는데요?
	저번에 일하다가 또 쓰러졌다면서요! 언제까지 숨길 거였어요?
	그것도 그깟 돈 때문 아니에요?
아빠	돈이 전부가 아니야 이 새끼야. 꿈도 없는 새끼가 알지도 못하면서. 남은 것만 마실 테니 가져와.
성준	하……. 진짜……. 병호 아저씨가 아빠 꼭 병원 모시고 가라 그랬어. 이런 적 한두 번 아니었다면서요. 그만 마시고 내일 같이 병원 가요.
아빠	내 병은 내가 제일 잘 알아. 그러니까 병원 같은 데 안 가도 돼. 이리 내. (소주병 빼앗는다.)
성준	또 고집부린다. 고집부릴 걸 부려요.
아빠	내가 알아서 해! 넌 신경 쓰지 말고 학교나 잘 다녀. (소주 마신다.)
성준	뭘 알아서 해요! 알아서 해서 이 지경까지 왔어요?
	혼자 끙끙대다 엄마처럼 말 한마디 없이 사라질 생각이에요? (빼앗으려다 넘어지는 소주병)

푸른 봄

아빠	아이구, 아이구 내 약. (아까워하며 소주병 정리) 하……. 그래 다 내 잘못이다…….
	애비가 못나서……. 이 꿈도 없는 새끼야
성준	아 쫌! 하. (흘린 소주 같이 정리하며) 죄송해요. 먼저 주무세요. 바람 좀 쐬고 올게요.

성준 퇴장.

아빠	미안하다. 미안하다 성준아…….
	아들……. 그래도……. 꿈은 꾸고 살아야 되지 않겠냐?
	꿈도 없이 살기엔 이 봄이 너무 푸르잖냐.

암전.

-성준 집 앞

수수 한나슈퍼 2층 불 꺼지는 것 보고 돌아선다.

그때 성준 등장.

수수	어! 오라방?
성준	어, 수수. 아직 있었어? 애들은?

수수   애들은 다 갔어요.

성준   아, 그래?

수수   오라방~ 왜 나왔어요? (성준 옆에 붙어 걷는다.)

성준   그냥. 아버지랑 이런저런 얘기 하다 답답해서 바람 좀 쐬
      려고. (공터 벤치에 앉고 진지하게 수수의 두 손을 잡더니) 저기 뭐 하
      나 물어봐도 돼?

수수   (잡힌 두 손을 바라보며) 네? 뭐……. 뭔데요?? 물어보세
      요…….

성준   아, 아니다…….

수수   아이차암~~~ 뭔데요? 저도 말하고 싶은 것 있어요. 빨
      리 물어봐요.

성준   아니 너무 유치한 질문이라…….

수수   유치해도 돼요!!!!!!!!

성준   (당황) 아하하하……. 다름이 아니라……. 수수는 꿈이 뭐
      야?

수수   엥? 꿈이요?? 저는……. 저……. 현모양처요…….

성준   응? 현모양처? 하하하하.

수수   왜 웃어요? 전 못할 것 같아요? 전 안 돼요?

성준   아니, 너무 순수하고 귀여워서. 난 꿈이 되게 거창한 거라
      고만 생각했는데…….
      이룰 수 없으니까 말 그대로 꿈인가 했거든. 근데 수수 너
      말 들으니까

그래, 꿈 별거 아니구나! 나도 꿈꿔도 되겠다 싶어서.

수수 그럼요! 오빠는 뭐든 해도 돼요!

성준 (머리 쓰담) 그래 고맙다. 오늘 수수 덕에 많은 걸 배워 가네…….

수수 히히……. 근데 오빠 나 수수 아닌데…….

성준 응? 뭐라고?

수수 아니……. 나 수수 아니고 수연이에요…….

(성준 전화벨)

성준 아, 잠깐만 전화 왔다. 어, 한나야~ 응, 어디라고? 잠깐만.
(전화기 막으며) 수수야 오늘 고맙다. 조심히 들어가고 내일 보자~ 응, 한나야~

뛰어가는 성준 바라보며.

수수 내 이름……. 이수연이라고요.

-공터

수수 심각한 표정으로 앉아있다. 재호, 벌구 장난치며 들어온다.

재호 수수~ 아침부터 오빠가 그루케 보고 싶어쩌염? (얼굴에 꽃

받침)

벌구   보고 싶어쩌염? (똑같이)

재호   쥐포 좀 가져와 봐. 쥐포 라이타로 쥐포 좀 굽게.

벌구   쥐포는 없고 여기 오징어는 있는데.

수수   에잇 진짜! (수수 한 대 치려 하나 피하는 벌구) 가뜩이나 기분 뭣
       같은데 왜 이래.

재호   엥? 또 왜? 뭔데? 뭐, 뭐?

벌구   어디서 뺨 맞고 와서 지금 우리한테 화풀이야! 확 마. (헤
       드락)

수수   아아아악 진짜! 우리가 당한 거라고!!!!

(일시정지)

수수   한 방 먹었어! 한나 그년한테 우리가 또 당한 거라고!

재호   수수 뭐라고? 누구한테 당해?

벌구   여기서 한나 선배가 왜 나와요?

수수   하……. 한나 그년이 우리가 괴롭힌다고 성준 오빠 꼬셔
       서 우리한테 사과 받아내고 한 거야. 그리고 전에 갑자기
       우리한테 시비 걸었던 성수동 양아치 새끼들 있지?
       그것도 다 한나 년이 사주해서 우리 좀 까달라고 한 거였어.

재호   아~ 그랬구나……. 또……. 한나가! 이럴 줄 알았냐? 얘
       가, 얘가 드라마를 너무 봤어!

벌구 근데 그 양아치 새끼들은 진짜 어이없긴 했었는데 크큭.

수수 재호 저 새끼는 머리가 나쁜 거야? 착해 빠진 거야? 야 벌구야 이거 내가 성수동 사는 내 중학교 동창 민정이 있지? 걔한테 물어봐서 확인까지 한 거야! 며칠 전에 갑자기 전화 와선 무슨 일없냐고 나한테 물어봤다니까! 그래서 물어봤더니 한나 년이 그렇게 우리한테 복수하겠다고 그러고 다녔다더라고……. 한 번 배신한 년은 또 그런다니까.

벌구 진짜? 아이 씨 소름!!!

재호 에이 설마.

수수 그때도……. 우리는 지 도와주려고 한 거였는데, 결과는 어땠어? 결국 우리만 가해자야. 우리만 나쁜 양아치에, 깡패에, 문제아였다고……. 한나 그년은 약한 척, 착한 척 뒤에 숨어서는 혼자 피해자인 척…….

재호 그래도 그땐 한나가 우리한테 직접적으로 그런 거는 아니잖아.

수수 이 봉신아! 그게 더 나쁜 거야. 우리가 그렇게 되도록 그냥 내버려 뒀잖아.

친구면……. 우리를 진짜 친구라고 생각했다면, 다른 사람들이 우릴 경멸하듯 쳐다보고 쯧쯧쯧 하면서 손가락질 하고 문제아다 뭐다 할 때 "그러지 말아라! 쟤네는 날 위해 그랬다! 착한 내 친구들이다!"라고 끝까지 싸워줬어야지!! 감싸주고 믿어줬어야지!

한나는……. 그때 어디 있었어?

벌구 크르르르릉……. 맞아……. 한나는 가버렸어……. 우릴 그렇게 두고 가버렸다고…….

재호 흠……. 한나……. 두부도 안 사 왔었어…….

수수 눈치 보다 핸드폰을 내민다.

수수 그리고 이것 좀 봐. 나 사실 우연히 지나가다 이거 보고 완전 충격 먹음.

민정이가 그렇다 해도 솔직히 안 믿었거든. 근데 어제 성준 오라방한테

돈 봉투까지 주더라? 아주 지 아빠 빼다 박았어!

재호 이런 미친년……. 그럼 성준 형님도 다 한나랑 짜고……?

수수 아……. 아니 그건 아냐~

벌구 아니긴 뭐가 아냐!! 아후 그걸 형님이라고…….

수수 아니라니까! 오빠도 한나한테 속고 있는 거야. 오빠는……. 그런 거야.

벌구 와 씨! 나 진짜 빡쳤다! 크아아아앙! 가만 안 둬 진짜!

슉 슉슉. 이것은 입에서 나는 소리가 아니다.

재호 수수, 너 이거 확실한 거지?

수수 그렇다니까. 요즘 맨날 둘이서만 붙어 다니잖아. 나도 겁

나 놀랐어…….

재호   그렇다면……. 마지막 작전에 돌입한다……. (라이타를 치켜
        든다.)

벌구, 수수   마지막……. 작전?

        암전.
        목소리.

성준   아버지, 물 끓어요. 저 잠깐 나갔다 올게요.

아빠   야 인마, 야밤에 어딜 나가? 라면이나 끓여.

성준   잠깐이면 돼요.

아빠   참나, 올 때 소주나 두어 병 더 사 오든가.

성준   지금도 많이 드셨어요. 먼저 주무세요.

아빠   저 싸가지 없는 놈. 그래도 내 생각해 주는 놈은 저놈 뿐
        이네.

-한나슈퍼

        재호, 벌구, 수수 주변을 살피며 등장.

재호   아무도 없는 거 맞지?

수수	응응 없는 거 맞아.
벌구	진짜 할 거야? 으으 나 오줌 마려. 크아아앙
재호	감히 우리 '성.수.동'을 우습게 봐? 내가 말했지? 선배의 행동이 이 가게를 지킬 수 있다고. (라이터를 켠다.) 어떻게 해? 놔? 이거 손 놓으면 끝이야.
	놓는다. 놓는다.
수수	잠깐만……. 그게…….
벌구	숨어!

성준 등장 삼총사 숨는다.

성준	어, 한나야 어디쯤 왔어? 내가 데리러 간다니까. 아직 일주일도 더 남았는데.
	그래? 수연이 진짜 좋아하겠다.

그대로 퇴장.

벌구	사실이네, 사실이야 이 야밤에 또 둘이서만……. 크으으으으.
재호	뭐가 일주일도 더 남았다는 거야 이씨……. 놓는다, 확 놔 버려.
수수	내가 뭘 좋아한다는 거야?

벌구	해.
재호	놓는다.
수수	내 생일.
벌구	뭐?
수수	내 생일 다음 주지?
재호	그래? 어, 그러네. 근데 왜? 뇌?
벌구	아우 씨 오줌 마려. 이거 확실한 무기가 생겼는데. 근데 한나랑 뭐 준비하나 본데?
재호	뭐야 그럼 자꾸 둘이 붙어 다니던 게…….
벌구	생일파티 준비네.
재호	일주일도 전부터.
벌구	아, 뭐야.
재호	에이 씨 오징어 말만 듣고 큰일 낼 뻔했네.
수수	미안 얘들아.
벌구	아우~ 나올 뻔했어. 천만다행이다. 후~~~
수수	미안…. 그런 줄도 모르고….
벌구	야, 닫어. 가자.
재호	아, 깜짝이야. (벌구가 치는 바람에 라이타를 놓친다.)
수수	야, 뭐야.
벌구	좆됐다. 그걸 왜 놔.
재호	야 빨리 꺼, 꺼.
수수	야 어떻게 좀 해봐.

벌구	비켜, 비켜. (오줌 싼다)
수수	아, 미친새끼. (뒤돌아선다.)
재호	오호호호~~~~ 야 씨파 내 라이타.
벌구	크아앙~ 내 물줄기를 받아라. 크아앙.
재호	됐다.
수수	됐어?
벌구	우ㅎㅎㅎㅎ.
재호	가자 성수동.
벌구	그래 가자.
수수	고마워.
재호	뭐가?
수수	날 위해서…….
벌구	우린 삼총사다.
재호	뭘 그런 걸 가지고 참나.
수수	야, 근데 진짜 놓을라 그랬어?
벌구	아, 그럼.
재호, 벌구	미쳤냐?
재호	너 화 풀어줄라고 장난친 거지 쥐포 라이타로는 쥐포를 굽는 거야.
벌구	누굴 범죄자 만들라고 이 오징어가. 크크크크크.
수수	이 새끼들이~
벌구	아, 씨파 왜 나만 때려?

수수   쟨 키가 크잖아.

재호   다음 주 생일 모른척하자. 근데 수수 뭐 갖고 싶냐?

벌구   아 쓰파……. 초코파이가 제일 싼데…….

수수   됐어. 고맙다.

재호, 벌구   고맙긴 뭘.

재호   우리는!

벌수, 수수   성수동 아이가!

웃으며 삼총사 퇴장. 잠시 한나슈퍼 전경이 보이고 어디선가 연기가 피어오른다.

-성준 집

붉은 배경.

목소리   불이야~~불이야~~~

아빠   (자다 깨서) 아이고 뭔 소란이야. 집구석은 왜 이렇게 더운
         거야.
         술 마셔서 그런가? 아이고 덥다. 성준아~ 물 좀 가져와.
         성준아~

목소리   불이야~~불이야~~~

아빠   (정신이 번쩍 들어) 뭐? 불? 부……. 불이야!!! 불이야!!!

허둥지둥 나가다 잊은 물건이 있어 허겁지겁 다시 들어온다.

아빠   어딨어? 어디? (서랍을 뒤진다.) 어, 여기 있다. 옳거니.
(문이 잘 안 열린다. 겨우 열고 나갔다가 다시 뛰어들어온다.)
도장, 도장……. 염병 어디에다 뒀더라……. 이게…….
(서랍을 뒤져 도장을 찾는다.) 그래, 그래 찾았다.
(문을 열려고 하나 꾹 잠겨있다. 열어보려 노력하나 뜨겁고 열리지 않는 문)
살려줘요. 사람 살려. 여기 사람 있어요…….콜록. 콜록.
(포기하고 주저앉는다.)
내가 저놈한테 지금까지 해준 것도 없는데……. 해주기는
커녕 지 낳아준 엄마까지 평생 원망하며 살게 했지…….
용돈도 제대로 한번 못 줬는데……. (도장과 서류를 이불에 감싸
부둥켜안는다.)
이젠 아무 데서도 써주지도 않는 고장 난 고철 덩어리인
데…….
그래도 아버지라고……. 아버지라고……. 흐흐흐흑…….
저놈의 새끼……. 어렸을 때 꿈이 소방관이었는데…….

그래 맞아……. 분명히 소방관이었어……. 언제부터 꿈이 없어졌을까…….

내가 더 열심히 살았더라면…….우리 아들 꿈이 아직 소방관이었을까?

소방관……. 소방관이라 큭큭큭. 콜록. 소방관 좋~~지 멋있었을 텐데…….

소방관이면 지금 날 구하러 와줬을까?……. (자기 머리를 때리며)

에이 미친놈!!! 가는 마당에 또 성준이한테 짐이 될 생각 하고 있네……. 그러면 안 되지. 이젠 그러면 안 돼…….
에이 미친놈 크……. 크크크큭 하하하하하.

야 임마 성준아, 그래도 아부지가 한 건 제대로 하고 간다. (이불에 물을 부어 적신다.) 하루살이 인생이라 생명보험 하나는 끝까지 안 깨고 부었다는 거 아니냐. 아부지가 주는 처음이자 마지막 용돈이다 이 싸가지 없는 놈아……. 이놈아…….

내 청춘아……. <u>흐흐흐흑</u> 콜록콜록콜록.

거……. 하늘에 있는 사장님……. 나 일자리 하나 봐주쇼. 이 지역 세멘은 제가 다 날랐습니다. 아시지 않습니까.

하하 참……. 바로 출근? 오~~~~~케이!!! 콜록콜록. (쓰러진다.)

힘겹게 핸드폰을 누른다.

아빠   여보세요? 성준이냐?

성준아 애비 취직했다! 거봐 인마 아부지 아직 안 죽었

어. (전화기 막고 콜록콜록)

그러니까 넌 이제 다시 꿈꾸면서 살아라……. 알겠지? 아

부지 마지막 소원이다. 인마!

일? 일은 무슨! 아무 일 없어. 그냥 며칠 쉬려고……. 아

부지가 이제 좀 쉬려고…….

콜록……. 콜……. 로…….

암전.

뉴스 앵커 목소리   다음은 성수동 화재 사건입니다. 길가에 불법

주·정차된 차들로 인해 사고 지점까지 소방차 진입이 늦

어져 진압에 어려움을 겪었는데요, 이번 사건으로 해당

불이 난 슈퍼 2층에서 술에 취해 잠을 자던 50대 문 모

씨가 안타깝게 참변을 당했습니다. 화재 원인은 방화 사

건인지 단순 화재인지 조사 중에 있습니다.

이번 사건을 개기로 소방도로 확보와……. (목소리 페이드아웃)

푸른 봄

-화장터

성준 상복을 입은 채 맥없이 앉아있다. 옆에 놓인 비닐봉지에 소주 두 병이 들어있다.

성준   아버지……. 소주 사 왔는데……. 거봐……. 이기지도 못
      하면서……. 아버지는 진짜 나쁜 사람이야……. 내가 어
      떤 애한테 물어봤거든? 꿈이 뭐냐고……. 꿈이 되게 거창
      한 게 아니더라고……. 그래서 나도 이룰 수 있겠다 싶어
      서 고민고민하다 꿈을 정했었거든.
      내 꿈이 뭐였는 줄 알아 아버지? 큭큭 그냥 아버지한테
      잘해드리는 거.
      졸업도 하고 결혼도 하고 귀여운 손주도 안겨드리고 잘
      사는 모습 보여드리고 싶었어. 내가 이 정도 꿈은 꿔도 되
      잖아?
      꿈꾸면서 살라더니……. 마지막 소원이라더니 그 기회를
      안 주고 가버리네…….
      아버지 때문에 내 꿈이 갈 길을 잃었네. 나쁜 아버지…….
      내가 아버지한테 청춘이었다면……. 아버진 나한테 꿈이
      었는데…….
      이젠 어떤 꿈을 꾸면서 살아야 하는 거야…….
한나   싸가지 없는 놈, 언제까지 슬퍼하고 있을 거야?

그만 주책 떨고 노래나 한 곡 해봐. 아빠 18번으로.

성준   한나야…….

한나   아……. 미……. 미안해요……. 아저씨가 살아계시면 이러셨을 거 같아서…….

성준   하핫……. 그렇네……. 맞네……. 앉으나 서나 당신 생각 앉으나 서나 당신 생각 떠오르는 당신 모습 피할 길이 없어라. 가지 말라고 애원했건만……. 가지 말라고 애원했건만…….

흐흐흑…….

BG.

한나, 다가와 가만히 성준을 안아준다.

등장인물

사장

고태

명태

태호

선영

멀티(부장, 손님)

유림식당

어두운 밤 절벽 끝에 한 남자가 서있다. 옆에는 신발이 가지런히
놓여있다.

남자 절벽 끝에 선다. 절벽 아래를 보고 눈을 질끈 감는다.

태호   나의 꿈들이……. (뛰어내리려 하나 두렵다.)

아무리 노력해도……. (다시 뛰려 해도 용기가 나지 않는다.)

태호 절벽 밑을 흘끗 보고는 한 발을 내딛지만 휘청대다 주저앉
는다.

태호   에이 병신. 그 잘난 의사도 때려치워, 그나마 벌었던 돈

유림식당

다 투자한 식당 사업에 실패해, 결혼도 실패해…. 하다 하
다 자살도 실패네. 병신새끼.

우리 엄마 나 의사 됐다고 그렇게 좋아했었는데…. 엄마!
미안해.

보고 싶어 엄마. (꼬르르륵)

에이 이 와중에 배는 또 고파요. 그냥 뛰어내리면 될 줄
알았더니 죽는 게 생각보다 쉬운 게 아니네. 휴……. (킁킁
댄다.) 뭐야? 이거 완전 갓 지은 집밥 냄샌데? (꼬르르륵) 아
배고파. 그래, 먹고 죽은 귀신 때깔도 좋다고 하잖아.

또 뭐냐 예수님도 죽기 직전에 최후의 만찬을 가지셨지.
다 이유가 있는 거였어.

죽는 건 엄청난 에너지가 필요한 일인 거지……. 그래 밥
먹고 힘내서 죽자!

킁킁대며 주섬주섬 신발을 신고 내려와 냄새를 따라간다.

태호   냄새가 날 정도면 멀지 않은 곳에 있는 거 같은데 어디지?

외딴 숲속, 허름한 식당 하나. 유림식당이라는 불빛이 보인다.

태호   유림식당?

고태	(큰 목소리로) 어서 오세요. 어서 오세요. 유림식당입니다! 죄송합니다만, 재료가 소진되어 이제 딱 한 분만 더 모시겠습니다! 한 분 오신 분 없으신가요? 딱 한 분?
태호	저, 저요!!!
고태	(여전히 큰 목소리로) 아이코, 이 먼 곳까지 잘 오셨어요. 오늘의 마지막 행운의 손님이시구먼. 자자, 안으로 들어가세요. (태호를 식당으로 밀어 넣는다.)
	감사합니다. 우리 유림식당 아쉽지만, 오늘 영업은 이걸로 종료합니다. 감사합니다.

식당에서 명태 공고문 한 장을 가지고 나온다.

명태	거참. 이 조용한 산골에서 그렇게 큰 소리 안 내도 다 들려요. 형님.
	좀 작게 말씀하시라니까요. 그게 그렇게 안 됩니까? 나 참.
고태	(작게 말하려 하나 잘 안 된다.) 허허, 나도 모르게 또 목소리가 커졌나 봐.
명태	근데 형님 어디 계세요? 시커메서 잘 뵈지가 않네.
고태	너 거기 있고, 나 여기 있지.
명태	헛소리 말고 이거나 붙이고 들어오세요.
고태	아 저 재미없는 인간. 줘, 내가 붙이고 들어갈게.

고태, 식당 한쪽 벽면에 공고문을 붙이고 들어간다.

식당에서 나오는 태호.

태호 　허름한 식당이라 기대도 안 했는데……. 뭐로 만드는 것이기에 이리 맛이 좋고 건강해지는 느낌이지? 내가 정말 죽으려고 이 외딴곳까지 온 거야?
　　　심장이 고동친다. 희망적인 음률이다.
　　　하……. 아름답다. 저기 흐르는 계곡은 방금 먹은 갈비탕의 육수를 노래하는 듯하고 내가 먹은 음식들이 나의 세포를 하나씩 깨우는 듯하다. 신기하다, 신기해.
　　　세상이 다시 보이는구나……. 난 왜 포기하려 한 거지?
　　　(유림식당을 한참 바라본다.)

그때, 식당 안에서 목소리가 들려 나온다.

고태 　(쩌렁쩌렁) 아 그래 잘 붙였다니까!

태호 　평생 저 식당에서만 밥 먹고 살아도 좋겠다.
　　　갈비탕 하나……. 분명 육수에 비법이 있을 거야…….

고태 　(쩌렁쩌렁) 지금 막 붙였는데 사람이 바로 찾아와? 거참.

태호 기웃거리며 식당을 살피다 고태가 붙이고 간 공고문을 본다.

태호　유림식당 주방에서 함께할 가족을 찾습니다.

　　　하늘이 도왔다. 하늘이 도왔어. 어차피 죽을 용기도 없는데.

　　　그래, 다시 해보는 거야. 이제 내 마지막 인생을 여기에

　　　건다. (식당 안으로 뛰어간다.)

　　　암전.

　　　작은 술집 테이블. 선영과 부장이 술잔을 기울이고 있다.

부장　이것만 마시고 간다. 너한테 쓰는 술값도 아깝다 인마!

　　　지금 나랑 장난해? 특종 써오라고 몇 번을 말해야 알아

　　　들어?

　　　그러고도 네가 기자야? 재능이 없으면 끈기라도 있어야지!

　　　너 서서 볼일 못 보지? 이래서 여자는 안 된다니까.

　　　뭐만 하면 그렇게 힘든 걸 어떻게 해요. 징징.

선영　부장님도 집 가면 앉아서 싸잖아요!! 여기서 여자가 왜

　　　나옵니까?

부장　여성 차별이니 부당대우니 징징!!! 일은 더럽게 못 하면

　　　서 꼭 뭐라 하면 말대꾸나 하고 말이야.

선영　한다고요! 내가 특종 써오면 될 거 아닙니까!

부장　어디서 큰소리야! 나가, 나가! 네 말대로 가서 특종 잡아

　　　와! 너 그때까지 들어올 생각하지도 말아! 에잇 술값은

네가 내 인마!

부장 퇴장.

선영   아이참 치사하게 술값은 내고 가요!! 부장님? 부장! 형!!!
갔냐? 좀팽이 진짜.
참나. 누가 특종 안 쓰고 싶대? 내가 맨날 뭐 하나 터뜨리
려고만 하면
어허! 윤 기자 안 돼~ 그러면 안 돼~ 윗사람들 심기 건들
면 큰일 나~, 너 기자 생활 그만두고 싶냐? 이러면서 혼
자 쫄아서 자른 게 몇 갠데!! 그거 터뜨렸으면 대한민국
들썩들썩 난리 났을걸? 뭐 터뜨렸으면 애진작에 잘렸겠
지만…….

부장 다시 등장.

부장   뭐 인마?
선영   뭐예요~ 간 거 아니었어요?
부장   미운 놈 떡 하나 던져주려고 왔다. 너 혹시 유림식당이라
고 들어봤냐?
선영   뭐야……. 나더러 지금 길 따라 맛 따라 이런 거 쓰라는
거예요? 그런 거는 6시 생생한 정보 내 고향 피디한테나

찔러주라고요. 자존심 상하게.

부장 자식이~ 네가 지금 찬밥 더운밥 가리게 생겼어? 잘 들어, 깊은 산속에 유림식당이라는 데가 있는데 거기는 그냥 음식을 파는 게 아니더라고…….

선영 맛집은 서울이 제일 많아요.

부장 병을 낫게 해준다던데?

선영 뭐 한약 재료라도 엄청 넣나 보지.

부장 모르지~ 그래도 먹으면 병이 낫는 식당이라……. 기사 나면 대박 날 것 같은데…….
방송은커녕 인터뷰도 절대 안 하고 요즘 같은 세상에서 내비에도 안 나오는 베일에 가려져 있는 무림의 고수 같 은 식당이랄까?

선영 에이……. 요즘 내비에 안 나오는…….

부장 (선영 말 가로막으며) 그 왜 얼마 전에 박 기자 부인이 산후 우 울증 때문에 자기가 낳은 딸도 죽일 뻔했던 거 알지? 근 데 그 유림식당에서 음식을 먹고 난 뒤에 우울증이 거짓 말처럼 나았대. 지금 잘 살잖아. 그래서 박 기자가 몇 번 을 가서 취재하고 싶다, 아니면 인터뷰라도 해달라고 사 정사정했는데 갈 때마다 문전 박대당하고 이제는 그 근 처 얼씬도 못 하게 한대. 뭔가 냄새가 나지 않아?

선영 그렇단 말이지?

부장 잘 생각해 봐. 아무도 취재 못 한 그 견고한 난공불락의

식당을 단독 취재하는 거야!

자 여기 식당 주소. (종이 한 장을 건넨다.) 유림식당이야. 유.

림. 식. 당!!!

부장 퇴장.

선영   (의미심장한 표정으로) ……. 유림식당? 형~ 술값 내고 가!

응?

암전.

유림식당 안. 사장 청소하고 있다. 태호 급하게 들어온다.

태호   저기…….

사장   마감했습니다. 오늘 준비한 요리는 마지막으로 한 분

이…….

태호   저기, 저……. 사장님이십니까?

사장   아, 네 제가 사장입니다만 뭐 놓고 가신 물건이라도 있으

신가요?

태호   아니요. 저기, 저기, 그러니까. 제가 꼭 하고 싶은 말이 있

는데…….

사장   아, 포장이요? 안 됩니다. 아까 드신 음식이 오늘 준비된

마지막 음식이었거든요.

그리고 손님들이 포장에 대해 많이 물으시지만 우리 집은 포장이 안 됩니다. 무조건 가게 안에서만 드셔야 하고요. 혹시 남기더라도 포장은 안 됩니다. 뭐, 남기시는 분도 없지만요.

태호 저 문태호라고 합니다.

사장 네?

태호 가족이 되고 싶습니다.

사장 네? 아, 참. 내 정신 좀 봐 구인 광고 보신 거군요?
      이렇게 빨리 지원자가 있을 거라 생각도 못 했네요. 죄송합니다.

태호 아닙니다. 아니에요. 저를 가족으로 받아주십시오. 이건 하늘의 뜻입니다.
      시키는 일이라면 다 하겠습니다. 아까 먹은 갈비탕 정말 처음 맛보는 맛이었습니다. 전 요리를 너무 사랑합니다. 전 유림식당의 음식이라면 평생 먹고 살 수 있습니다.

사장 하하 네, 네. 그렇게 말씀해 주시니 감사하기는 합니다만, 무작정 함께할 수는 없고요. 몇 가지 테스트가 필요합니다.

태호 면접 말씀이시군요. 네 하겠습니다. 가족이 되고 싶습니다.

사장 우리 유림식당에서는 한번 정한 가족은 보통 9년간 함께 해야 합니다. 매달 약간의 용돈 정도가 지급되며 월급은 9년 후 한 번에 받아요. 9년간 모인 돈과 본점의 지원을

유림식당

받아 분점 차리는 걸 목표로 하거든요. 지금까지 수습 기
간 때 그만두는 사람은 몇 있었지만, 수습만 지난다면 분
점을 생각하며 최선을 다합니다. 그렇기에 이렇게 맛있
는 요리가 준비되는 것입니다만 보통 각오로는 힘이 듭
니다.

절대 쉽지 않아요. 혹여 중간에 나가면 무일푼으로 나가
게 됩니다. 그리고…….

태호	9년이든 90년이든 상관없습니다. 사실……. 전 이곳 음식을 먹기 전까지 죽으려 했습니다. 제 삶을 포기하려 할 때 이 음식은 세상을 달리 보이게 만들었어요.

아름답게 말입니다. 살아야 한다. 포기하기엔 이르다. 그
때 공고문이 눈에 들어왔죠.

이건 하늘의 뜻입니다. 제발 절 가족으로 받아주세요.

사장	(조심스레) 무슨 사연이라도 있었나요? 아, 힘들면 굳이 얘기 안 해도 됩니다.
태호	아뇨, 말하는 게 뭐 힘들겠습니까. 제 원래 직업은 의사였습니다. 집안이 변변치는 않았지만 어머니가 홀로 식당을 운영하시면서 제 공부도, 뒷바라지도 다 시켜주셨죠. 한동안 잘나가는 의사라는 타이틀을 달고 신나서 일만 했어요.

사람을 살린다는 자부심에 덩달아 따라오는 명예, 지위,

재물을 쥔 손맛이 얼마나 짜릿하던지……. 주변을 돌아볼 여유조차 없이 일에만 몰두했습니다.

그러던 어느 날 어머니가 쓰러지셨다는 연락을 받았죠.

폐암 말기셨습니다. 2개월도 남지 않으셨더군요. 전 의사였지만 어머니께 아무것도 해드릴 수가 없었습니다. 그렇게 그냥 보내드렸어요.

그 후, 주변에서 하나둘 비난의 소리가 걷잡을 수 없이 들려오더군요.

자기 엄마도 못 살린 의사, 최악의 불효자, 허울뿐인 명성, 능력 없는 새끼…….

그중 가장 힘든 건 내가 나에게 하는 비난이었습니다. 크나큰 죄책감과 상실감에 사로잡혀 저 스스로 더 이상 의사라고 할 수가 없더라고요.

사장   그랬군요. 그래서 결국 의사를 그만두셨습니까?

태호   네. 그리고 그간 모은 돈을 다 투자해서 식당을 차렸습니다. 저희 어머니가 살아생전 늘 하시던 말씀이 있었어요. '정성스럽게 차린 음식이야말로 사람을 구하고 살아갈 의무를 부여하는 참된 약이란다.' 그 뒤부터 요리를 배우기 시작했습니다.

어머니의 말씀처럼 몸에 좋은 재료들을 음식에 넣기 시작했죠. 한약을 달여 국수를 말아보기도 하고 천마를 으깨 환으로 만들어 밥을 짓기도 했습니다.

그러나……. 이상하게도 맛을 본 이들은 먹기를 거부했습니다.

사장   한약 국수에 천마 환이라니……. 전 이유를 알 것도 같습니다.

태호   흠흠……. 그래서 결국 전 재산을 투자한 식당도 문을 닫고 그나마 수중에 있던 돈은 이혼할 때 위자료로 다 날렸습니다. 저에겐 재산도 명예도 가족도 그 아무것도 남은 건 없었습니다. 그런 놈에게 삶의 의욕이 있겠습니까? 확 죽어버려야겠다 하고 절벽에 섰지만 죽을 용기조차 다 잃은 저에게 남은 건 어이없게 식욕 하나였습니다. 우연인지……. 운명인지……. 어디선가 맛있는 냄새가 절 이끌었습니다.
        최후의 만찬 후 힘을 내서 죽자 하고 냄새를 따라오다 이 유림식당을 만나게 된 거죠.

사장   이 세상엔 우연이란 없습니다, 태호 씨.
        태호 씨의 그 운명 같은 사연이 바로 우리 유림식당의 존재 이유와도 같습니다.
        죽음의 문턱에서 사람을 살리는 것 말입니다.

태호   역시 그렇죠? 제가 느낀 걸 다른 사람들에게 느끼게 해주고 싶어요.
        한 사람만이라도 지금의 저처럼 느끼고
        삶에 대한 생각이 바뀐다면 어떤 어려움도 이겨낼 자신

있습니다.

단순히 음식을 만드는 것뿐만 아니라 사람들을 구하고 싶어요.

방금 전에 저처럼 포기하지 않도록. 한때는 의사였던 사람의 사명이기도 합니다.

명예와 출세를 철저히 배제한 진정한 사람을 살리는 사명 말입니다.

사장　좋습니다. 1단계 통과입니다.

태호　네?

사장　왜 이 일이 하고 싶은지가 1단계 테스트였거든요,
　　　많은 사람들이 이 음식의 비법을 알아내려고 도전했습니다. 그들은 다들 돈이 목적이었지요. 우리가 만드는 음식은 돈이 먼저가 아니라 사람이 먼저입니다. 조금 전 당신이 느끼신 것처럼요. 자 이제 두 번째 테스트 들어갑니다.

태호　벌써 시작된 거였나요? 감사합니다. 전 꼭 여기서⋯⋯. 후⋯⋯.

사장　두 번째 테스트는 간단한 신체 테스트니 너무 긴장 마시고 정말 하늘의 뜻인지 한번 보지요. 오늘부터 2번에서 1번 된 고태님, 3번에서 2번 된 명태님 식당 홀로 나오세요.

고태, 명태 등장.

　　　　　　　　　　　　　　　　　　　　유림식당

사장   두 번째 테스트는 우리 가족들과 함께합니다. 자, 인사하세요.

태호   안녕하십니까! 문태호입니다. 반갑습니다. 무엇이든 시켜만 주십시오.

명태   어, 그래 만나서 반갑다. 내가 여기 넘버 쓰리…. 아니 이제 넘버 투야 반갑다.

이름은 명태라고 해. 편하게 그냥 명태 형님이라 부르면 되겠구나. 자 불러봐. (점점 작은 소리로 말한다.)

태호   네 반갑습니다. 명태 형님. (점점 작은 목소리로 말한다.)

명태   오~우 제법이군, 합격.

태호   네? 이게 테스트였나요?

사장   소리 테스트예요. 함께 공감하여 작게 소리를 낼 수 있는 센스가 있는지였어요.

음식을 만들 때 큰 소리로 말을 한다면 작게 속삭이는 것보다 침이 튈 확률이 높고 또 손님들에게 음식을 가져다줄 때 큰소리로 소통한다면 예의가 아니니 작은 소리로 말해도 잘 들으며 상황에 맞게 작게 얘기할 수 있는지였어요.

자 이제 마지막 테스트예요.

고태   만나서 반갑다. 난 오늘부터 1번이 된 넘버 원 고태라고 한다. (악수를 하기 위해 손을 건네는 순간 불이 꺼진다. 고태 손을 위아래로 움직이고 있다.)

| 태호 | 네 반갑습니다. 잘 부탁드립니다. |

불이 켜지고 어둠 속에서도 태호는 명태의 손을 잡고 악수를 하고 있다.

고태	오~ 밤눈이 밝네, 합격.
태호	네?
사장	간단한 테스트라 했잖아요. 간단하지만 밤눈이 어두운 사람한테는 정말 어려운 테스트일 수 있겠네요. 음식에 혹시 솜털이라도 들어간다면 그것을 찾아낼 수가 있는지 시력 테스트를 합니다. 여러 테스트로 무엇부터 일을 배울지 정하거든요.
태호	아 네……. 그럼 저는 다 통과한 건가요?
사장	네 축하해요. 시력, 소리 다 합격이네요. 보통 두 가지 중에 하나만 발달하기 마련인데
명태	그래 맞아 난 소리에 민감하지만, 시력이 좀 안 좋아. 그래서 낮이건 밤이건 비슷한 시력을 유지한다는 게 내 단점이자 장점이지. 하하하.
고태	난 시력도 좋고 밤눈도 밝지만, 무엇보다 성량 하나는 타고났지. 그 덕에 작게 말하는 게 좀 힘들어 하하하. 세 가지 테스트 중 다 완료한 건 사장님과 네가 첨이야.

유림식당

사장　그래요 두 가지만 통과해도 되었는데 세 가지 다 통과했네요.

1번님과 2번님 분발하셔야겠어요.

태호　감사합니다. 감사합니다. 저도 이제 유림 가족인 거죠?

사장　모든 테스트는 통과했지만 3개월간의 수습 기간이 있어요. 3개월간 정말 함께할 수 있는지를 판단할 거예요.

첫 번째로!!

고태　처음부터 욕심부리지 않고 시키는 일만 한다.

허드렛일 위주로 할 거야.

사장　둘째로!!

명태　업무 외의 일로는 절대 외출하지 않는다. 수습이 지난 다음에는 허락하에 외출이 가능하다.

사장　이렇게 3개월을 잘 버티면 그때부터 가족으로 인정합니다. 이후에 3년 계약을 맺고 요리 비법을 전수해요. 그렇게 2번 더 3년씩 계약하여 9년이 채워지면 아까 말한 대로 다른 마을에 가게 분점을 내드립니다. 기억하시지요?

태호　네 총 9년. 절대 포기 안 할 겁니다.

사장　수습이 지나면 쉽게 그만둘 수 없어요. 그만둘 시 비법 전수를 보호하기 위해서 양손을 불로 지져 다시는 칼과 국자를 잡을 수 없게 하고 맛을 볼 수 없게 혀를 자릅니다. 그것 기억해 두시고 3개월간 잘할 수 있을지 생각해 보세요.

태호　손을 지지고……. 혀를 자른다……. 무서운 얘기지만 저

와는 상관없는 얘기입니다.

전 꼭 9년 동안 모든 요리 비법을 전수받을 겁니다. 3개
월 동안 잘 부탁드립니다.

선영, 공고문을 손에 들고 식당 안으로 뛰어들어온다.

선영   여기요!! 저 구인 광고 보고 왔는데요.

태호   방금 면접 끝났습니다.

사장   그래요, 지금 막 면접을 통해 직원을 구했는데 이걸 어쩌죠?

선영   사장님? 그럼 면접만이라도 보게 해주세요!! 네? 제발요.
      아이이잉~ (되지도 않는 애교)

고태   합격!! 합격!!

명태   탈락!! 탈락!!

고태, 명태 투덕거린다.

사장   미안합니다. 저희는 신체 건강한 남자 직원만 구하고 있
      어서요.

선영   저기요, 사장님! 지금 사장님께서는 여성 차별에 대한 아
      주 위험한 발언을 하셨네요!
      지금이 어느 땐데 남자, 여자를 따지시는 거죠? 그런 아
      주 치졸하고 편협한 이분법적인 사고에 대해서는 수긍을

못 하겠습니다! 그리고 무엇보다 사장님이 붙여 놓은 이 공고문에는 아직 채용 기한이 남아있으며, 남자만 구한다는 내용이 없던데, 지금 와서 이러시면 부당한 고용에 대해 고용노동부와 여성가족부에 정식으로 본 사항에 대해 항의문을 제출하겠습니다!

사장   저…. 저기 잠깐만요, 아니 얘기를 끝까지 들어보셔야지, 왜 이렇게 성격이 급하세요.

저럽 보려고 했습니다. 보려고 했어요!

태호   사장님 그럼 저는요? 제가 된 거 아닙니까?

사장   아니 면접은 우리 태호 씨 우리 여성분 똑같이 기회를 준다 이거죠. 아하하하.

고태   맞는 말씀입니다!! 아하하하.

명태   아니 그래도 여자는 절대 안 되는데…….

선영   그럼 신고하고요 뭐~ 어, 증거물 1호를 챙겨 볼까나~

사장   어허 명태! 그러는 거 아닙니다. 나는 아주 평등한 사람이에요, 평등한 사람. 아하하하.

잠깐 직원회의를 좀 할까요?

사장, 고태, 명태 모인다.

명태   아니 사장님 어쩌려고 그러십니까?

사장   뾰족한 방법이 없네요. 진짜로 신고해서 조사라도 나온다면……. 우리 비밀이…….

아니 비법이 소문나면 안 되니까요.

고태 (쩌렁쩌렁) 그럼요 우리 비밀이

명태 (황급히 고태 눈을 막으며) 쉿!

고태 (작게 속삭이며) 뭐 면접은 봐도 나쁘지 않을 거 같은데…….

(슬쩍 선영 보며 윙크)

사장 휴……. 그래요. 면접만 보고 떨어뜨립시다.

고태, 명태 좋습니다.

명태 선영에게 다가간다.

명태 어, 그래 인사가 늦었다. 내가 여기 넘버 쓰리……. 아니
이제 넘버 투야 반갑다. 이름은 명태라고 하지. 편하게 그
냥, 명태 오빠라 부르면 되겠구나. 자 불러봐. (점점 작은 소
리로 말한다.)

선영 명태 오빠. 오빠? 너 몇 살인데 반말이야, 이씨. (명태와 같이
작게 말한다.)

명태 (한껏 쫄아서) 하……. 하하 합격!! 오빠라뇨. 농담한 거예요.
농담!

너무 어려 보이셔서.

선영 뭐 제가 어려 보이긴 하죠. 근데 합격이라니요?

사장 소리 테스트예요. 함께 공감하여 상황에 맞게 알맞은 크

기의 소리를 낼 수 있는 센스가 있는지를 알아보는 간단하지만 중요한 테스트죠.

고태   만나서 반갑다. 난 오늘부터 1번이 된 넘버 원 고태라고 한다. (악수를 하기 위해 손을 건네고 그 순간 불이 꺼진다. 고태 손을 위아래로 움직인다.)

선영   지금 뭐 하시는 거죠?

불이 켜지고 어둠 속에서 고태의 손이 선영의 볼을 위아래로 쓰다듬고 있다.

고태   으아아아!! 아니 그게 아니라……!!

불이 다시 꺼지고 선영 어둠 속에서 기가 막히게 고태의 따귀를 찾아 때린다.
다시 불이 켜지고 볼을 움켜쥐고 눈물 흘리는 고태.

고태   (울먹이며) 밤눈이 밝네. 합격.

선영   네? 이건 무슨 테스트예요?

사장   (놀라며) 간단한 시력 테스트입니다!! 간단하지만 밤눈이 어두운 사람한테는 정말 어려운 테스트일 수 있겠네요. 음식에 혹시 솜털이라도 들어가 있다면 그것을 찾아낼 수 있는지 시력 테스트를 합니다. 이게 원래는……

고태　원래는 악수하려고 이렇게 손을 내민 건데……. 미안합니다. (다른 사람들한테 도움의 눈길. 모두 진짜라는 눈빛으로 끄덕여준다.)

선영　그래요? 알겠어요. 뭐 어쨌든 통과는 했으니…….
　　　(고태 째려보며) 앞으론 조심해 주세요.

고태　네…….

사장　하지만 아직 가장 중요한 마지막 테스트가 남아있습니다. 이 테스트를 통과하지 못한다면 절대 우리 직원으로 들어올 수 없습니다.

사장, 고태, 명태 서로를 번갈아 가며 고개를 끄덕인다.

사장　(엄청 진지하게) 왜 우리 식당에 직원으로 들어오려고 하는 겁니까?

선영　그건 당연히 취…….

고태　취?

선영　그게 아니라…….

태호　이유가 없군요?

선영　아니요 그게…….

사장　하…. 1, 2단계 테스트를 잘 통과했지만 아쉽군요. 우리 식당에 존재 이유는 사람을 살리는 것입니다. 그런데 우리 여성분께서는 그럴만한 이유가 없는 것 같네요.
　　　고태님, 명태님 잘 배웅해 드리세요.

고태, 명태	네!! (선영의 양팔을 잡고 끌어내려 한다.)
태호	사장님 저는 오늘부터 뭘 하면 좋을까요?
선영	어…. 저…. 저 저는 살인자입니다!!!

순간 정적.

선영, 네 사람의 눈치를 살피며 슬픈 얼굴로 이야기를 이어간다.

선영	전 살인자예요……. 흐흐흐 흑…….
사장	살인이요?

사장의 손짓에 선영의 팔을 놓아준다.

선영	제가 너무 어려 보여서 그렇게 안 보이셨겠지만……. 벌써 5년 전인가……. 결혼을 했었어요. 결혼생활은 너무너무 행복했답니다. 그렇게 신혼의 단꿈에 젖어 하루하루 시간이 가는지도 몰랐죠. 그러다 저희에게 아이라는 축복이 생겼답니다. 예쁜 딸을 낳았어요. 절 닮아서 그런지 너무너무 귀엽고 사랑스러운 아이였어요.
명태	귀엽고 사랑스러운 게 확실합니까?
선영	(명태 째려보고) 그런데…. 남편은 기자라서 맨날 늦게 퇴근하고 집에 들어오지 않는 날도 허다했죠. 전 직업상 그런

줄만 알고 남편을 철석같이 믿었어요. 그런데…….

알고 보니 남편이라는 그 새끼가 바람을 피우고 있었더라고요…….

그것도 제 가장 친한 친구와……. <u>흐흐흐</u> 흑.

고태 (같이 울면서) 이런 나쁜 새끼 처자식을 두고 바람이라니…….

명태 그것도 가장 친한 친구였대요. 나쁜 새끼, 나쁜 계집애 으허헝.

고태 명태 부둥켜안고 운다.

선영 사실……. 전 산후 우울증이 좀 있었어요. 아이를 낳기 전 꿈같은 신혼 때는 남편이랑 맨날 붙어 지내다가 아이를 낳고 나선 남편은 바쁘다는 핑계로 집에도 들어오지 않지, 아이는 밤낮없이 울어대지, 친구들을 만나는 건 생각조차 할 수 없었죠.

그러다가 남편의 바람을 알게 되자……. 이 불행의 시작은 아이라는 생각이 들었어요.

너만 없었으면……. 너만 태어나지 않았으면 난 지금까지 남편이랑 둘이서 알콩달콩 행복한 가정을 꾸리고 살았을 텐데……. 이게 다 너 때문이야! 그래서 나도 모르게 정신이 나가서 아이를…….

명태   그래도 아이를 죽이다니 정신이 있는 거예요?

고태   너무해요. 어떻게 엄마가……. 흑흑.

선영   아니……. 아이를 실제로 죽인 건 아니고요. 죽일 뻔했어요.
      뭐 제 마음에는 죽인 것과 같다 이거죠. 아이를 그냥 방치
      했어요.

      밥도 안 주고 기저귀도 안 갈아주고 아예 정신이 나가있
      었어요.

      딸아! 엄마를 용서해다오! 아흐흐흑. 엄마가 잘못했어.
      엄마가 미안해!! 흑흑흑.

고태, 명태   합격!!! 합격!! 아흐흐흐흑.

태호   합격이라니요? 아니 사연 있는 건 알겠는데 그거랑 여기
      서 일하는 거랑 무슨 상관이에요?

선영   그래서 전 결국 남편과의 이혼을 결정했죠. 양육권은 당
      연히 남편한테 갔고요.

      그때까지 전 제정신이 아니었으니까요. 남편과의 모든
      걸 정리한 마지막 날 남편이 이 식당에 데려왔습니다. 사
      장님 기억 안 나세요? 저랑 남편이 저 자리에 앉아서 식
      사했었는데 아흑흑흑…….

사장   그……. 그랬나……. 아! 생각났다. 기억난다. 난다!!

선영   그때 여기서 음식을 먹고 정신이 확 들더니 나도 이런 음
      식을 만들고 싶다. 나중에 기회가 된다면 이 못난 엄마에
      게 기회를 준다면……. 내 딸을 위해 정성스레 음식을 지

어주고 싶다. 꼭……. (눈치를 살핀다.)

사장, 고태, 명태, 부둥켜안고 눈물을 흘리며 외친다…….

사장, 고태, 명태   합격.

암전.

식당 한편에 사장, 고태, 명태 심각한 표정을 모여 앉아있다.

사장   하……. 어쩌지? 테스트에서 어떻게든 떨어뜨렸어야 했
는데 말입니다.

고태   하필 그런 슬픈 사연이 있을지 어떻게 알았겠습니까. 흑
지금 생각해도 너무 슬퍼.

명태   어쩔 수 없죠. 수습 3개월 동안 호되게 허드렛일 시켜서
내보내는 수밖에…….

사장   좋아! 그렇게 하도록 합시다.

명태   들어온 걸 후회하게 될 겁니다.

선영 등장.

선영   여기서 뭐 하세요?

고태	선영 씨 얘기 안 했어요!!
사장	모기가…….
명태	아이고 모기 때문에 잠을 못 자겠네.
사장	맞아 맞아 아 이놈의 모기.
선영	무슨 모기가 벌써 있다고 그래요.
명태	원래 산에는 모기가 많아요. 이놈의 모기.
사장	맞아 맞아 모기 다 잡았으면 얼른 들어가서 잡시다.
고태	아하하암 졸리다. 선영 씨도 얼른 들어가서 자요. 잘 자요.
선영	아예~ 먼저들 주무세요. 저는 아직 밖에 짐이 조금 남아서…….

다들 퇴장. 선영 주변을 살피며 전화를 하려고 하지만 전화가 터지지 않는다.

선영	아 뭐야. 요즘 세상에 핸드폰 안 터지는 데도 있어?
태호	여기 핸드폰 안 되는 거 몰라요? 아무래도 이 깊은 산속에서 생활은 힘드실 거예요? 그냥 그만두고 내려가시는 게 좋을 것 같은데…….
선영	뭐예요? 남의 일에 상관 마시죠.
태호	거 아무리 슬픈 사연 있다고 해도 여기 정직원은 내가 될 테니까 그런 줄 알아요.
선영	그건 해봐야 알죠. 흥!

태호	칫 뿡!
선영	어우 뭐야……. 밖에 짐이나 마저 가져다줘요. 나 먼저 들어가요. (정색하며 퇴장)

태호 투덜대지만 밖에 있는 선영의 짐을 나른다.

그때 사장, 고태, 명태가 선영이 있나 살피며 나온다.

사장	태호 씨 아직 안 잤나? 선영 씨는?
태호	사장님, 고태님, 명태님 아직 안 주무셨어요? 선영 씨는 아까 들어갔습니다.
사장	아 그렇구먼. 우린 내일 장사 준비 때문에 얘기 좀 나눴어요. 허허허.
태호	아, 그러시는구나……. 전 아직도 유림식당에 취업하게 된 게 믿어지지 않습니다. 사장님 정말 감사합니다. 사장님은 정말 저의 구세주이십니다.
사장	아이고 이 양반 허허허……. 구세주라니 허허허.
고태	당연히 우리 구세주님이시지. 잘 버티기만 하면 요리 비법을 전수받고 다른 마을에서 분점을 내주셔. 그게 우리 유림과의 계약이지. 위에 한 명이 나가면 밑으로 한 명이 들어오는 거야. 그렇기에 나도 넘버 투에서 넘버 원이 된 거고.

유림식당

명태	그래, 태호 씨도 열심히 해서 올라와. 올라가기만 하면 우리도 다른 마을에서 분점을 내어 행복하게 살 수 있다고.
태호	감사합니다, 감사합니다. 사장님.
사장	열심히만 하세요. 처음엔 잘 모를 테니 무조건 묻지 말고 시키는 대로만 하시고요.
태호	네, 네. 당연하지요. 네, 네. 뭐든 시켜만 주세요.
사장	자, 그럼 내일 장사 준비 마무리들 하시고 오늘은 첫날이니까 무리하지 마시고, 그리고 고태님. (고태를 부르며 쪽지를 건넨다.)

사장 나간다.

고태	들어가십시오.
명태	사장님. 들어가십시오. 자 오늘은 첫날이니까 무리하지 말고, 들어가 봐.
고태	자네가 쓰게 된 방, 그곳에서 지내던 덕만이 형님이 넘버 원이었어 지금은 내가 넘버 원이지만 하하하.
태호	오오! 그럼 그 넘버 원 덕만이 형님이라는 분은 분점을 내고 나가신 건가요?
고태	그렇다던데?
태호	엥? 그렇다던데라니요? 오래 같이 일하신 분일 텐데 너무 남 얘기하듯 하시네.

고태	이 사람이 남이라니! 우리가 밤새 땅 파면서 나눈 정이 얼만데. 우리는 가족보다 더 깊은 사이야 이거 왜 이래.
태호	밤새 땅을 파요?
명태	아……. 아니 이 사람이 참 말귀를 못 알아듣네. 밤새 파 놓은 땅처럼 깊고도 깊은 사이라는 말일세. 분명히 사장님이 분점 내주셨다고 했어. 나중에 시간 내서 다 같이 가 보기로 했네. 급하게 나가셔서 우린 인사도 제대로 못 했다고. 분점을 내는 게 쉬운 일인 줄 아나? 얼마나 신경 쓸 게 많은데.
고태	그럼, 그럼 하루하루가 바쁠 거야.
태호	그럼 다 같이 가서 도와드려야 하는 거 아닙니까?
명태	진짜 그러네. (고태에게) 바쁠 텐데 우리가 좀 도와드려야 하는 거 아닌가요, 형님?
고태	내가 그렇지 않아도 사장님한테 다 같이 가서 도와준다 고 하니 분점 일은 사장님이 알아서 다 준비하신다고 걱 정하지 말라고 하셨어. 그리고 우리는 장사 안 하나?
명태	아하 그렇군요. 역시 사장님이십니다. 태호 씨 자네는 신경 쓰지 말고 앞으로 맡은 일이나 열심 히 할 생각이나 하게. 오늘 들어와 놓고 벌써 분점에만 눈을 돌리나? 아직 자네 차례는 멀었어.
태호	알고 있습니다! 작은 일부터 최선을 다하겠습니다.

유림식당

고태   아무튼 우리는 식재료를 구해야 하니까 자네는 어서 들어

가 봐. 내일 일찍 일어나야 해. 첫날이니 정신없을 거야.

우리 유림식당은 이틀 전 준비한 재료로 영업을 하고 재

료가 동이 나면 절대 다음 날 재료로 팔지 않아. 철칙이

지. 돈이 먼저가 아니라 신뢰와 믿음으로 유림식당을 찾

는 분에게 행복과 건강을 선사한다. 이것만 지키면 돈은

따라 오는 거야. 유. 림. 철. 칙.

태호   돈이 먼저가 아니라 신뢰가 먼저다!

돈은 따라오는 것이다. 그리고……. 행복과 건강을 선사

한다!

고태   그렇지, 그렇지. 하하하.

태호   하하하 파이팅입니다.

고태   밝아서 좋구먼.

태호   근데, 매일 이렇게 두 분이서 재료를 사러 가시는 건가요?

명태   그럼, 당연하지. 직접 보고 요리할 메뉴를 선택한다.

너도 때가 되면 함께할 테니 오늘은 방 정리하고 좀 쉬어.

태호   갈비탕만 파는 게 아니었어요?

고태   그럼, 그날의 메뉴도 우리가 정해. 보통 갈비탕과 불고기

위주로 정하지만 가끔은 이곳과 어울리지 않지만, 스테

이크로 정할 때도 있어.

태호   아……. 모든 걸 전수해 주세요.

고태   우선 부지런함부터 배우도록.

명태	그럼, 부지런해야 우리도 분점 내고 행복하게 살지.
태호	부지런함부터!
명태	가시죠, 넘버 원님.
태호	저도 함께 가겠습니다.
고태	아서, 첫날부터 하는 일이 아니야 한동안은 설거지와 손 님맞이부터 배울 거야.
	아까 들었지? 3개월 수습 기간. 잘 지내보자고.

다들 퇴장.

| 선영 | (슬며시 나오며) 와~ 분점까지 내준다고? 확 기자 때려치워 야 하나? |
| | (녹음기를 꺼내 녹음한다.) 유림식당 첫날, 아직 특별한 점은 보 이지 않는다. 허나 마인드 하나는 마음에 든다. 돈이 먼저 가 아니라 신뢰와 믿음으로 유림식당을 찾는 분에게 행 복과 건강을 선사한다. 유림철칙 이상. |

며칠 뒤.

명태	자 이번에 태호 씨가 한번 해봐.
태호	유림식당입니다. 유림식당입니다.
	신선한 재료와 비밀의 조리법으로 당신의 맛과 건강을

책임지는 유림식당입니다.

몸 아프고 삶이 힘들 땐 맛 좋은 유림식당으로 거짓말 같은 새로운 삶을 사세요.

이 음식은 그냥 요리가 아닙니다. 약입니다. 약!

명태   그래 그런 식으로 홍보하면 되는 거야!!

식당 구석에 선영, 앉아서 선글라스를 끼고 울면서 양파를 까고 있다.

선영   아, 뭐예요! 왜 맨날 태호 씨는 나가서 홍보만 하고 제가 양파를 다 까는 거냐고요.

며칠 동안 있으면서 제가 깐 양파만 한 트럭은 될걸요? 설거지도 저만 시키고!

연약한 여자한테 너무하신 거 아니에요?

고태   아닙니다. 선영 씨는 절대 연약하지 않습니다.

선영   뭐라고요? 아니 외모로 봐도 저 인간보다 예쁜 내가 낫지. 홍보는 제가 하는 게 맞죠!

명태   무슨 소리야? 외모로 봐도 태호 씨가 낫지. 다 지난번 테스트에 맞춰서 최적의 일로 정한 거니 불평하지 말라고!

선영   누가 봐도 차별이구먼. 일부러 나한테 힘든 일 시키는 거 맞죠?

고태   차별 아닙니다. 선영 씨가 태호 씨보다 손이 맵고 듬직한

게 이 일이 제격이에요.

태호 씨 봐요. 실실 웃기나 잘하고 비리비리해서 홍보에 적격입니다.

선영 에이씨. 그런 게 어디 있어요?

명태 참나 수습이 뭐가 이리 말이 많아. 그럼 식당 일이 쉬운 줄 알았어? 이런 각오도 없이 들어오고 말이야~
여자들도 참 웃겨. 좀만 어려운 일이라도 시키려 하면 "어머, 어머 연약한 여자한테 어떻게 이런 일을 시켜요. 여자들을 아껴주고 보호할 줄도 몰라요?" 이러면서 지들 불리할 때는 차별이니 어쨌느니……. 그러는 게 더 차별 아닌가요? 뭐 어느 장단에 춤을 춰야 되는 거야?

선영 뭐라고요? 말 다 했어요? 지금 한 말 대한민국 여성들, 아니지 세계의 여성들을 적으로 돌리는 말인 거 알죠? 여성가족부에 내가 아주 신고할 거야.

명태 뻑 하면 신고한대. 우리나라 경찰보다 아주 여성가족부가 제일 무서워.

태호 둘 다 좀 그만해요. 선영 씨, 힘들면 내가 할게요. (선영이 까고 있던 양파를 받아든다.)

선영 태호 씨~ 고마워요.

태호 괜찮아요. 선영 씨는 그냥 그만두시면 돼요.

선영 (다시 양파를 뺏으며) 됐어요. 그냥 제가 할게요

고태 선영 씨 원래 이렇게 고생하면서 배우는 게 더 값진 거예요.

유림식당

선영   근데 이 쪼그맣고 찾기도 어려운 식당에 사람들이 참 많
       이 오네요.
       와, 그리고 저기 저 싸인들은 진짜 제가 알고 있는 그 유
       명한 사람들 맞아요?

사장 들어오며 선영의 물음에 답을 한다.

사장   물론이죠. 이분들 모두 우리 음식 먹고 기력을 회복했답
       니다.
       평범한 서민들부터 연예인, 운동선수, 정치하는 높은 사
       람들까지 우리 음식을 먹었죠.
선영   아니, 근데 사장님. 왜 방송이나 인터뷰는 절대 안 하시는
       거예요? 방송 타면 대박이잖아요. 손님도 더 많아지고 돈
       도 많이 벌고 더 크게 사업을 확장하실 수도 있을 텐데.
고태   어휴 안 돼요, 안 돼. 재료 하나 구하기도 힘든데. 어휴 안
       돼요. 안 돼. (손사래 친다.)
명태   맞아. 잠도 못 자고 아함~
선영   네? 납품업체에서 주문하면 다 가져다주는 거 아니었어요?
태호   하하하, 도대체 가게에 관심이 없다니까. 이것 봐요. 우리
       가게 식재료는 넘버 원 고태 형님과 넘버 투 명태 형님께
       서 밤마다 직접 신선한 재료를 공수하신단 말입니다.
명태   그럼, 그럼. 그게 얼마나 중요한 일인데.

고태   밤마다 얼마나 힘든지 알아? 땅 파느라 어깨가 빠질 거 같아. 아이고, 삭신이야.

선영   땅을 왜 파요?

순간 정적. 명태, 고태의 옆구리를 친다.

고태   노…. 농사지으니까 그런 거 아니요!!!

명태   양파랑 뭐 감자랑 뭐, 뭐, 뭐 그런 것들이 하늘에서 뚝 떨어지나? 하하하.

고태, 명태 어색하게 웃는다.

사장   아하하하, 돈 많이 벌면 물론 좋지요. 하지만 난 돈이 목적이 아니에요.
우리 음식을 먹고 한 사람의 인생이 바뀐다면…….
죽고자 한 사람이 살고자 한다면 그걸로 만족합니다.

고태   지당하신 말씀입니다. 그리고 뭐 방송 안 해도 입소문만으로도 저렇게 많은 사람들이 찾아오는데 굳이 방송까지.

명태   암요, 암요.

선영   근데요. 사장님, 혹시 우리 음식에 한약재나 아님. 특별한 재료라도 들어가나요?

사장, 고태와 명태에게 눈치를 준 후 퇴장. 싸늘한 분위기.

고태   저 선영 씨. 지금은 수습 기간이라 우리 영업 비밀을 다
      말해줄 수 없어요.

명태   선영 씨. 시키는 일도 제대로 못 하면서 궁금한 게 참 많네?

선영   아니 물어보지도 못해요?

태호   자자, 선영 씨 이상한 얘기 좀 하지 마요. 형님들 먼저 들
      어가십시오.

고태   어 그래그래.

태호   선영 씨 우리는 주방에 가서 설거지나 합시다. 설거지가
      얼마나 많이 쌓인 줄 알아요?

선영   언제는 양파 까랬다, 지금은 설거지까지.

태호   제가 도와줄게요. 가요, 가. (선영의 등을 떠밀며 들어간다.)

선영   말해주지도 않을 거면서 왜 정색은 하고 (명태에게 따지려고
      돌아선다.)

태호   아이 참. 가요, 가.

태호, 선영의 등을 떠밀며 들어간다.

암전.

늦은 밤. 어두운 절벽 근처 명태와 고태 쪽지를 보며 등장.

고태	(큰 목소리) 잘 찾아봐. 안 보인다고 저번처럼 실수하지 말고.
명태	아 네네. 걱정 마세요. 그나저나 형님 목소리 좀 낮추세요.
고태	(작게) 야 이거 아니야?
명태	맞아요. 맞습니다.
고태	자 오늘은 혼자 해. 난 좀 쉬련다. (드러눕는다.)
명태	아……. 어제도 혼자 했고 그제도…….
고태	뭐야, 그래서 싫다는 거야?
명태	저도 피곤합니다.
고태	넘버 원은 아무나 되는 줄 알아?
명태	아, 저도 좀 쉬었다 하렵니다. 여기까지 걸어 올라오는 게 얼마나 힘든데.
고태	(큰 소리로) 어쭈 이 자식 봐라?
명태	아 작게.
고태	(작은 소리로) 알았으니까 얼른 파기나 해!

명태, 묘지를 파기 시작한다. 한쪽에선 선영이 나무 사이로 몸을 숨기고 지켜보고 있다.

선영	공동묘지에서 뭐 하는 거지?

녹음기를 꺼내든 선영 상황을 조용히 녹음하기 시작한다.

선영	유림식당 79일 차 기록. 식재료를 사러 간다던 고태, 명태가 온 곳은 공동묘지다. 넘버 투가 땅을 파기 시작했다. 좀 더 지켜보겠다.

홍얼거리는 고태.

명태	쉿! 형님 잠시만 조용히!
고태	왜? 내 노래가 거슬려?
명태	아니 그게 아니라…… 무슨 소리가 들린 것 같아서 말이죠.
고태	이 밤중에 여기까지 누가 온다 그래? 얼른 마저 파기나 해. 여기서 밤샐 거야?
명태	그렇죠? 아, 형님도 이제 좀 도와주세요. 그래야 빨리 끝내고 내려가죠.
고태	(큰 소리로) 아 자식이 진짜.
명태	작게~
고태	알겠어!
명태	형님 오늘은 얼마나 해야 해요?
고태	다리 한 짝 정도면 되지 않을까? 아니다. 또 땅 파기 귀찮으니까 두 짝하자.
명태	그래요. 날도 춥고 젊어 죽어서 빨리 상하지도 않을 테니 두 짝으로 하죠.
선영	그들의 대화가 수상하다. 다리 한 짝? 두 짝? 설마……

식재료가? 욱……. 우욱.

명태   쉿! 형님!! 멈춰요. 분명히 이상한 소리가 들렸다고요.

고태   너 오늘 이상하다. 진짜 아무 소리 안 들렸는데.

명태   잠시만…….

명태, 선영 쪽으로 조심스럽게 걸어온다. 선영 바위 뒤 몸을 숨긴다. 거의 코앞까지 가지만 눈이 어두운 명태 선영을 발견하지 못하고 돌아가려는 순간 선영 나뭇가지를 밟아 소리가 난다.

명태   누구야!

고태   뭐야! 누가 있어?

그때 선영보다 뒤에서 모든 걸 지켜보던 태호가 갑자기 튀어 나간다.

태호   저, 저…….

깜짝 놀라는 명태와 고태.

명태   너, 너…. 이 자식. 너 누구야?

고태   태호야! 너 여기가 어딘 줄 알고?

태호   몇 달째 배우는 거에 진전이 없어 저도 뭔가 도울 게 없나

하고.

아니 잠도 안 오고 해서. 히……. 제가 하겠습니다. 뭘 어찌할까요?

명태   태호였어? 난 또 누군가 했네. 형님 어쩌죠?

고태   어쩌긴 뭘 어째? 이놈도 배울 때 됐지 뭐.

명태   그럼 가르칠까요?

태호   아, 시켜만 주세요. 뭐든 열심히 합니다. 근데 공동묘지에서 식재료를 구합니까?

명태   (삽을 던져준다.) 파!

태호   네?

명태   파라고.

고태   파라면 파.

명태   비법.

고태   전수 안 받을 거야?

태호   아니요, 아니요 팝니다. 뭐든 시키는 대로 합니다.

선영   (녹음기에 대고) 갑자기 태호가 나타났다. 같이 땅을 파기 시작했다.

태호 씨도 오늘 처음 온 것 같은데. 아무래도 날 본 것 같다.

명태   (선영 쪽을 향해) 거기 누구요? (태호, 고태에게) 쉿, 무슨 소리 못 들었어요?

태호   제가 형님들 몰래 뒤따라올 때 주변 살피면서 왔는데 아무도 없었으니 걱정 마세요.

고태　명태, 후임이 들어오니까 일하기 싫은가 봐? 에끼, 이 녀
　　　석 빨리 땅이나 파.
　　　얼른 작업하고 내려가자고.
명태　분명히 무슨 소리가 들렸는데.
태호　제가 가서 보고 올게요.

태호 명태에게 손전등을 받아 선영 쪽으로 다가간다. 선영이 몸
을 웅크려 숨는다.
태호가 살피러 간 사이 다리 두 짝을 포대에 담고 파헤친 곳을
정리한다.
태호 고태와 명태 행동을 살피며, 작게 선영한테 속삭인다.

태호　선영 씨, 선영 씨! 위험할 수 있어요. 조용히 내려가요. 어서!

태호는 작은 소리로 선영을 보내고 고태 명태에게 간다.

태호　형님들 아무도 없던데요.
고태　(명태에게) 아이 진짜……. 가자!
　　　태호……. 많이 놀랐지? 근데 의외로 침착해서 내가 다
　　　놀랐다니까.
　　　다들 처음 보면 구역질하고 토하고 난리도 아닌데 말이야.
명태　그러게 말이야. 혹시 우릴 뒤따라 온 게 이번이 처음이 아

닌 건가?

태호   아닙니다. 오늘이 진짜 처음입니다! 제가 의사를 몇 년 했는데요.

사람 시체니, 피니 이런 거엔 이골이 났죠.

그래도 오랜만에 봐서 그런지 좀 울렁대긴 하네요.

고태   고생했어. 하지만……. 우리 식당의 비밀을 안 이상 그 입을 조심해야 할 거야.

명태   그럼. 우리는 이제 한배를 탄 거야.

태호   그……. 그럼요 형님들. 절대 걱정 안 하셔도 됩니다.

고태   가자!!

고태, 명태, 태호 퇴장, 명태만 놓고 간 물건이 있어 다시 등장.

명태   아이 씨. 칼을 놓고 왔네.

절벽 쪽에 가서 칼 한 자루를 챙기는 명태. 신나서 내려오다가 어두워 넘어진다.

땅을 더듬거리며 칼을 찾는 명태. 손에 무언가 잡힌다.

명태   이게 뭐야?

하고 휙 던지는데 떨어지는 녹음기에서 선영의 목소리가 들린다.

선영   유림식당 79일 차 기록. 식재료를 사러 간다던 고태, 명태

                가 온 곳은 공동묘지다.

                넘버 투가 땅을 파기 시작했다. 좀 더 지켜보겠다.

                그들의 대화가 수상하다. 다리 한 짝? 두 짝? 설마…….

                식재료가? 욱……. 우욱.

명태   이것 봐라?

                암전.

                다음 날 아침.

                넋이 나간 얼굴로 읊조리는 태호.

태호   유림식당입니다. 유림식당입니다.

                신……. 선한 재료……. 와 비밀의 조리법으로…….

선영   태호 씨! 태호 씨!!! 괜찮아요? 어젠 고마웠어요.

태호   네? 아 네. 괜찮습니다.

선영   어떻게 할 거예요? 계속 여기서 일할 거예요?

태호   (태호, 주변을 살피고) 조용히 해요. 나도 당황스러우니까.

선영   이건 범죄예요. 그냥 넘어갈 문제가 아니라고요. 야채만

                주구장창 다듬을 때부터 알아봤어야 했는데.

태호   하……. 이게 비법이라니……. 죽은 사람의 시체를…….

선영   이게 말이나 됩니까? 요즘 같은 시대에. 까마득한 옛날에

이런 일이 일어났다고 해도 도저히 용서받을 수 없는 일
이라고요.

태호   알아요, 안다고요. 그래서 더 미치겠어요.

난 진짜……. 유림식당을 만나서 내 삶이 달라졌어요. 이
제야 제대로 살아가는 것 같았다고요. 내게도 희망이 생
겼단 말입니다. 다시 살아갈 이유가 말이죠.

선영   태호 씨 마음 다 알아요. 당황스럽겠죠. 배신감도 크고요.
나도 그런데 태호 씨는 오죽하겠냐고요.

태호   진심이었어요. 그 음식 한 그릇 한 그릇마다 진심이 담겨
있었어요.

위로가 담겨있었죠. 그 음식을 먹는 순간, 살아. 죽을힘을
다해 살아.

꼭 그렇게 말하는 것 같았는데……. 그래서 이렇게 살았
는데……. 갈 길을 잃었네요.

선영   세상엔 진실이라고 철석같이 믿고 살던 게 까놓고 보면
거짓일 때가 많아요.

그래도 지금이라도 진실을 알게 된 것이 다행 아닌가요?

태호   다행일까요? 차라리 모르는 게 나았을 수도…….

선영   우선 터뜨립시다.

태호   터뜨리자고요?

고태, 명태와 함께 등장.

고태	(큰 목소리) 터뜨리긴 뭘 터뜨려?
명태	지금 단둘이 무슨 재밌는 얘길 하고 있는 걸까?
선영	얘기는 무슨 얘기를 했다고 양파나 까볼까? 그렇죠. 태호 씨?
태호	아……. 네…….
고태	다 끝났어. 이제 그만해 윤 기자님.
태호	기자라니요?
명태	이게 뭘까? (명태 손에 선영의 녹음기가 들려있다.)
선영	(주머니를 뒤지며 없는 걸 확인) 그걸 왜 당신이.
고태	난 선영 씨가 참 좋았는데……. 근데 왜 우릴 속인 거지? 윤 기자님?
태호	무슨 소리예요?
선영	하……. 미치겠네. 속인 건 내가 아니라 당신들이지 속은 건 나라고.
명태	뻔뻔하긴, 도대체 어디까지가 진짜야? 아이는 진짜야? 결혼은 한 적도 없지?
선영	그래요, 좋아요. 결혼, 아이 다 거짓말이었어요. 이건 진심으로 사과드립니다.
	직원으로 들어오려면 어쩔 수 없었어요.
고태	왜 거짓말까지 하면서 우리 식당에 직원으로 들어온 건데? 윤 기자님!
태호	도대체 무슨 말이에요? 기자는 뭐고 또 속이다니요?

유림식당

선영	그래요 전 기자예요. 병을 고치는 식당이 있다고 해서. 이게 사실이면 정말 특종이잖아요. 그래서 취재만 하려고 했는데 워낙 인터뷰는 안 한다고 강경하게 나오시니까. 어쩔 수 없이 취업까지 하게 된 거라고요. 이런 엄청난 비밀이 있으니 특종은 특종이네요.
태호	기자였다고요? 거봐 매사에 간절함이 없더라니만……. 난 모든 일에 진심이었는데……. 흐흑. 다들 날 속였다니 너무하네요.
선영	태호 씨도 참. 여기서 그게 뭐가 중요합니까?
명태	그래서, 뭐 정말 언론에 터뜨리시겠다!
선영	여러분, 이건 도덕적 윤리……. 아니, 사람들을 속이는 엄청 큰 죄입니다.

당장이라도 죽을듯한 몰골의 손님 등장. 이야기하던 걸 멈춘다.

손님	저……. 아직 영업 시작 안 하신 건가요? 제가 너무 이른 시간에 왔나요?
명태	네. 아직 영업 시작을 안…….

사장 등장. 선영을 가로막는다.

사장	아닙니다. 영업 시작했어요. 자 저쪽으로 앉으시죠. 고태

님, 뭐 하세요?

손님 맞아야죠. 선영 씨, 태호 씨 못한 얘기는 조금 있다가 나눠야 할 것 같은데요?

선영   네, 그럼 전 들어가서 좀 쉴게요.

사장   어딜 들어가. 여기 서서 똑바로 지켜봐요. 우리 유림식당을.

고태, 얼른 주방으로 들어가 음식을 가지고 나온다.

고태   자자 자, 손님 음식 나왔습니다.

손님   (의욕 없이) 감사합니다. (음식을 한참을 바라보다가 한술 입에 넣는다.)

손님, 뭔가에 홀린 듯이 미친 듯이 입속으로 음식을 밀어 넣는다.

사장   저것 봐 얼마나 행복해합니까. 난 최고의 요리삽니다. 사람들이 내가 준비한 음식을 먹을 때 내가 살아있음을 느낍니다. 손님들 역시 내 음식을 먹고 살아갑니다. 지금까지 여기 있으면서 두 분 다 충분히 보았을 텐데요.

선영   모르고 먹으니까 그렇죠. 저게 사람 (명태, 재빨리 선영의 입을 막는다.)

손님   여기 사장님이 누구십니까?

사장   접니다. 뭐 더 필요하신 거라도 있으십니까?

손님   (행복에 찬 얼굴로) 아니요, 그게 아니라 며칠 전 수행 고속도로 교통사고로 제 동생을 잃었어요.

그 후 4일간 물 한 모금 마시지 못했는데…….

사장　그러셨군요. 상심이 크셨겠습니다.

손님　동생 따라 죽으려고 했는데 우연히 여기 들어오게 됐네요. 이 음식을 먹지 못했다면 저도 아마 죽었을지도…….이 음식을 먹고 나니 왠지 모를 힘과 희망이 차오르는 것 같아 감사의 말씀을 전하고 싶었네요. 허 참, 내가 왜 이러지 저도 모르게 쓸데없는 말을…….죄송합니다. 하지만 정말 감사합니다. 이 음식이 절 다시 살게 하네요.

사장　아닙니다. 저희 요리가 도움이 되었다니 다행이고 또 기쁩니다. 이 음식을 먹고 동생 몫까지 더욱 열심히 살아가신다면 그걸로 된 거죠.

손님을 격려하고 돌아온 사장. 다시 맛있게 먹는 손님.

사장　잘 들었나요? 우리 음식은 그냥 음식이 아닙니다. 누군가에겐 힘과 희망이지요.

태호　저게 사람 고기라는 걸 안다면 저렇게 먹을 수 있을까요?

사장　알고 먹는다면 저렇게 행복하진 않겠지요. 아니 힘들어 자살하려나? 거참.

수행 고속도로 교통사고라니…….유감스럽게도 지금 저 사람이 먹고 있는 건 4일 전 죽은 동생일지도.

선영 네? 그게 사실이에요? 맙소사, 너무 잔인한 거 아니에요?

사장 잔인? 뭐가? 그럼, 당신이 먹고 있는 건 죽은 당신의 동생
      이라고 선영 씨가 가서 친절하게 알려주지 그래요?

선영, 화가 나서 알려주려고 움직이다 멈칫한다.

사장 산 사람은 살아야 하지 않겠어요?
      저 사람 4일간 아무것도 못 먹었다고 한 말 들었잖아요.
      내 요리가 아니었으면 저 사람 말대로 분명 배곯아 죽었
      을지도 모르죠.

선영 그렇다고 동생 시신을 음식으로 만들어 먹여요?

사장 거기까진 나도 몰랐어요. 그게 운명인가 보죠. 하긴 다른
      사람이 먹어 치우는 것보다는 이게 나을지도……. 내가
      말한 적 있지요? 이 세상에 우연은 없다고.

손님, 한 그릇을 뚝딱 하고 행복한 표정으로 일어난다.

손님 사장님, 정말 훌륭한 요리였습니다. 동생 몫까지 정말 열
      심히 한번 살아보겠습니다. 마치 다시 태어난 기분입니
      다. 감사합니다.

손님 퇴장.

태호	저……. 그만두겠습니다. 더 이상 못하겠습니다.
사장	그만두겠다고요? 사람을 살리는 요리를 배우고 싶다고 하지 않았나요?
태호	인간이 식재료라면 전 배우지 않겠어요.
사장	우린 살인을 하는 게 아닙니다. 산 사람들을 살리는 거지. 방금 전 그 사람, 기운을 되찾고 돌아갔어요. 눈앞에서 봤으면서도 모르겠어요?
	우린 절대적으로 살인을 하거나 남에게 피해를 주는 게 아닙니다.
	내가 언제 당신들한테 사람을 죽이라고 한 적이나 있습니까?
선영	그건 당신 생각이지! 여기 온 사람들이 그 사실을 알았다면 가만히 있었을 거 같아?
사장	글쎄요. 하지만 우리 음식을 먹고 병이 나았다는 게 중요한 거죠.
	똥이 사람을 살리는 약이라면 먹지 않을 겁니까?
	개미를 밟아 죽이는 것까지 신경 쓰다간 우리는 걸을 수가 없습니다.
	그런 인간의 감정으로 다가간다면 사람을 살릴 수가 없다 이 말입니다.
	사람을 살릴 방법을 아는데 그냥 가만히 앉아서 기도만 하실 겁니까?

난 기도 안 합니다. 그 기도한 손으로 음식을 만들어서 사람들을 살리지.

태호 씨 당신도 느꼈잖아요. 직접 경험했잖아요. 안 그래요?

태호　그건 확실히 사실입니다. 벼랑 끝에 선 나에게 손을 내밀어 준 것만 같았죠. 그날의 그 갈비탕 한 그릇이 아니었으면 난 이 자리에 없었을 겁니다.

선영　아무리 그렇다고 해도…….

고태　세상에는 이유도 없이 사람 죽이는 사람도 많은데 우리가 사람을 죽이기라도 했어?

이건 정말 다른 사람을 살리는 일이라고…….

명태　우리라고 이 힘든 일을 하고 싶었겠나? 하지만 그 힘을 알기 때문이라고.

여기 있는 고태, 태호 씨, 나 모두 알 거야.

사장　자 이제 선영 씨 선택해요. 사실을 알린다면, 꼭 밝혀야겠다면…….

저 사람뿐만 아니라 이 식당을 거쳐 간 모든 환자들은 그 충격에 다 죽을지도 모릅니다. 그중에는 유명한 사람들도 많으니 당신 말대로 엄청난 특종이겠지요.

그리고 죽어가는 사람들에게 마지막 희망의 불을 끄지 않겠다면 모두 묻고 오늘 밤 조용히 떠나야 할 겁니다. 물론 태호 씨도 다시 잘 생각해 보세요.

사람들에게 삶을 선사하는 내 요리를 전수받아 분점을

내든지 떠나든지.

마지막으로 이것 하나만은 기억해 주시겠어요? 우리가 그동안 여기 있는 모두를 포함해서 얼마나 많은 사람을 살려냈는지. 또 앞으로 남은 시간 동안 죽음의 문턱에 선 사람들 몇 명을 건져낼 수 있는지 말입니다.

태호   하지만…….

선영   미치겠네.

사장, 고태, 명태가 모여있다.

사장   일이 이렇게 된 이상 큰 결단을 해야 할 것 같습니다. 고태님, 명태님!

정말 제 요리의 힘을 믿으시나요?

고태   네 믿습니다.

명태   그럼요. 믿고말고요.

사장   좋아요. 나도 여러분을 믿습니다. 지금 우리 유림식당이 일생일대의 위기에 처했어요.

이 위기만 잘 넘긴다면 우리 유림식당은 영원할 것이며 더불어 여러분들의 분점 오픈도 더 앞당겨질지도 모르겠네요. 내 말 무슨 말인 줄 알지요?

고태   저희가 뭘 어떻게 해야 할까요?

사장   없애야겠죠.

명태	없애라니 뭘?
사장	윤선영.
고태	네? 그게 무슨 말씀이세요?
명태	태호 씨는요?
사장	태호 씨는 좀 더 지켜볼까요? 하지만 선영 씨는 그대로 두면 위험해요.
	나가서 유림식당의 비밀을 까발리는 날이면 우리는 다 끝이에요.
	나만 끝나는 게 아니라 여러분까지 모두 다 끝이란 말입니다.
명태	그럼 뭘 어떻게…….
고태	(큰 소리로) 사장님, 하지만 우린 절대 살인은 하지 않는다고 하지 않았습니까?
사장	쉿! 고태님! 살인이라니요. 그런 말 입 밖에도 꺼내지 마세요. 이건 살인이 아니라 희생입니다. 큰일을 위해선 작은 희생이 따를 수밖에 없다는 거 알지요?
	우리 유림식당이 지금의 나 3대까지 이어져 올 수 있었던 데에는 어느 정도의 희생을 감수해 왔기 때문이죠. 어디 사람 목숨 살리는 게 쉬운가요?

밖에서 태호 몰래 이 소리를 듣고 놀라서 뛰어들어간다.

암전.

선영 사장의 장부를 뒤적이다 증거가 될 만한 장부를 숨긴다.
태호 허겁지겁 식당으로 들어온다.

태호 선영 씨 큰일입니다. 우리 다 죽게 생겼어요. 얼른 가야
      해요.

선영 왜요?

태호 아무래도 저 사람들 큰일 낼 거 같아요. 내가 저들이 하는
      얘기를 들었어요.
      오늘 밤이 고비입니다. 얼른 도망가요.

선영 시간을 준다고 했잖아요?

태호 자기들이 죽게 생겼는데 시간을 주겠어요? 이렇게 지체
      할 시간 없어요.
      무조건 내달려요. 빨리요

고태, 명태 두 사람 뒤로 소리 없이 걸어간다.

명태 태호 씨. 이렇게 경솔한 사람이었나?

태호 용기 내어 명태에게 주먹을 휘두르지만, 명태에게 밀쳐 넘
어진다.

고태 선영 씨 그동안 내가 참 아꼈는데 아쉽지만 어쩔 수 없지 뭐.

선영 이거 왜 이래요? 떠날게요. 조용히 떠날게요.

명태 그걸 우리가 어떻게 믿냐고! 그동안 선영 씨 보니까 자기 주장 확실하고 할 말 못할 말 다 하는 성격이던데. 게다가 직업이 기자잖아?

선영 아니에요. 저 진짜 조용히 입 닫고 살게요. 게다가 증거품들도 다 가져가셨잖아요.

고태 그러니까. 그 입, 내가 대신 닫아준다는 말일세. 우리 직원이었으니 그 정도는 책임은 져야지.

태호 불을 끈다.

명태 뭐…. 뭐야? 왜 갑자기 불이 꺼진 거야?

고태 야 찔러!

명태 고태 손을 찌른다.

고태 야 이 멍청아. 내 손이잖아.

명태 형님 죄송합니다.

고태 야 앞에. 앞에!

명태 앞에?

고태　야 거기 말고 뒤에.

선영　태호 씨 제가 숨어서 공격할게요.

명태　형님 계집애가 숨어서 공격한답니다.

고태　이 미친년이 진짜!

잡힐 듯 아슬아슬 피하는 태호와 선영. 이때 태호, 선영의 손을
잡고 밖으로 향하는데

사장, 둘의 앞을 가로막고, 천천히 다가온다. 두 사람 뒤로 고태,
명태가 에워싼다.

사장　두 사람 어디 가시는 건가요? 제가 두 분을 위해서 차를
　　　준비했는데, 오늘 밤 조용히 떠나게 해준다고 하지 않았
　　　습니까?

들고 있던 차와 찻잔을 테이블에 올려두고 목에 걸려있는 열쇠
로 문을 잠근다.

선영　조용히 떠나게 해준다는 게 아예 세상을 떠나게 해준다
　　　는 거잖아요!

사장　아하 그런 뜻도 있군요.

선영　돈이 먼저가 아니라 신뢰와 믿음으로 유림식당을 찾는
　　　분에게 행복과 건강을 선사한다며? 유림철칙이라고 떠들

어대더니 인육으로 사람들을 유린해?

그게 무슨 신뢰와 믿음이라는 건데? 당신이 한 행동은 이 곳을 믿고 찾았던 모든 사람들에 대한 배신이라고! 그 사람들이 자기가 먹은 게 인육이란 걸 알았다면 과연 먹었을까? 이곳을 찾았을까?

사장 그 사람들이 굳이 알아야 할 이유가 있나요? 안다고 하더라도 그 사람들 모두 죽기 직전 실낱같은 희망을 안고 들어온 사람들입니다. 그들에겐 이게 인육인지 아닌지는 중요하지 않습니다. 나라고 이 식당을 운영하는 것이 쉬운 줄 압니까? 두렵지 않았을까요? 나도 어렵고 두려웠습니다. 하지만 그 힘을 알기 때문에 멈출 수 없었습니다. 그건 내 할아버님도 아버님도 마찬가지셨어요. 죽음 앞에 선 사람들을 살려야지요.

태호 죽음 앞에 선 사람들 어머니……. 사장님 어떻게 인육을 요리에 사용하시게 된 겁니까? 그 이유나 들어봅시다.

사장 좋습니다. 말씀드리죠. 저희 할아버님도 의사셨습니다. 제일 좋아하는 책은 동의보감이요, 제일 존경하는 사람은 허준이셨죠. 이곳, 저곳 각 지역의 산골을 돌아다니셨어요. 여러 약재들을 직접 보고 스스로 먹고 발라보며 의술을 점점 키워가셨죠. 약재부터 침술까지 모두 능통하신 분이셨습니다. 그러다 제가 어렸을 때 죽을 뻔한 적이 있었습니다. 이유 없이 매일 밤낮을 열병에 시달렸어요.

할아버지께서 온갖 약재와 침술을 동원했지만, 차도가 보이지 않았습니다. 저를 살리겠다고 할아버지께서 가방을 둘러메고 길을 떠나셨죠. 며칠 뒤에 흙투성이가 되어 나타나셔서는 따뜻한 음식을 해주셨습니다. 할아버지께서 해주신 음식을 먹고 드디어 기운이 나기 시작했습니다. 몸의 세포들이 다 살아나는 느낌이었어요. 세포 하나하나가 힘차게 움직이고 의욕이 샘솟기 시작했죠. 기뻤습니다. 웃음이 났습니다.

세상이 아름다웠습니다. 할아버지는 이제 됐다고 하셨죠. 살아났으니 됐다고.

하지만 무엇인가 두려워하고 계셨죠. 잠을 이루지 못하고 음식을 먹지 못해 병상에 누웠습니다. 이번엔 아버지께서 길을 떠나셨다가 돌아오셨고, 할아버지께 음식을 대접하셨죠. 할아버지 역시 저처럼 회복되었습니다. 그 후 할아버지와 아버지께서 비밀리에 이 유림식당을 운영하게 되셨죠. 할아버지께선 죽어가는 사람을 살릴 수 있다면 그게 무엇보다 옳은 일이라고.

태호 씨, 의사였다고 했죠? 사람을 살리는 방법을 아는데 양심에 찔린다고, 법에 어긋난다고 죽어가는 사람을 그냥 두시겠습니까?

태호 　　저……. 저는……. 저는…….

태호 그 자리에 주저앉는다.

사장   미안합니다. 선영 씨. 그간 정도 들었지만 대의를 위해서
        희생도 어느 정도 감수할 수밖에 없음을 이해해 주시기
        바랍니다.

사장의 손짓에 고태 명태 선영을 데리고 나가려 한다.

선영   이거 왜 이래요. 이거 놔! 태호 씨, 태호 씨!
        잠깐! 여러분은 지금 사장님한테 모두 속고 있는 거라고요!
고태   그게 무슨 개소리야?
선영   제가 유림식당에 대해 알아본 결과 유림식당은 그동안
        분점을 내어준 적도 없을뿐더러 여기서 나간 사람들의
        행방조차 묘연했어요. 최덕만! (최덕만이란 이름에 끌고 가던 발
        길 멈춘다.)
        여러분과 함께했던 덕만 씨는 지금 어디 있죠? 여러분들
        도 분점을 목표로 몇 년간 열심히 일하고 있을 텐데 결국
        여러분에게 남은 건 죽음뿐일 거예요.
고태   덕만이 형님!
선영   사장님 아닌가요?
명태   사장님! 선영 씨 말이 사실인가요?
사장   아닙니다. 사실이 아니에요. 덕만 씨는 지금…….

(말을 돌리며) 선영 씨 마지막이라고 아무 말이나 지껄이면 안 됩니다.

더 이상 참고 들어줄 수가 없군요.

선영   아무 말이라니요? 제가 명색이 기자예요.

제 말을 뒷받침할 만한 증거 다 찾아놨다고요.

고태   증거가 있다고? 한번 보자고!

명태   좋아요. 보고 얘기하자고요. 확인해 보고 허튼소리면 그때 없애도 상관없잖아요.

사장   왜들 그래요? 그딴 증거는 없어요. 볼 필요도 확인할 필요도 없다고요.

여러분 나 못 믿어요? 분점은 분명히 있습니다.

선영 씨가 죽음 앞에서 개수작 부리는 거예요.

태호   사장님 떳떳하면 증거 보고 얘기합시다. 선영 씨 증거 어디 있어요?

선영   주방에 들어가면 오른쪽 냉동고 안에 깊숙이 끼워놨어요.

태호, 주방에서 검정 비닐봉지에 싸인 종이 뭉치를 가져온다.

고태, 명태 종이를 살핀다.

선영   보시면 알 거예요. 지금까지 유림식당 회계장부, 식재료 입·출입 현황, 직원고용 및 근태관리에 대한 서류들입니다. 이건 비법 노트고요. (비법 노트는 선영 안주머니에 넣는다.) 사장님이 참 꼼꼼하신 성격이라 날짜별로 세세하게 기록도 해놓으셨더라고요. 우선 회계장부를 보시면 어디에도 분점 명분으로 지출이 된 경우가 없어요. 분점을 내줄 정도라면 예산이 한두 푼 나가는 게 아닐 텐데 말이죠. 직원 근태 관리 서류를 보면 모두 9년을 갓 앞에 두고 빨간 줄! 설마 9년을 버티고 힘들다고 스스로 그만두겠다고 한 직원은 없었겠죠? 또한 그 넘버 원 직원이 나간 후엔 사장님이 늘 식재료를 가지고 오셨고요. 혼자서 땅을 파시진 않았을 테고.

명태 사장님……. 말씀 좀 해보세요. 이게 다 사실입니까? 진짜 분점은 없어요? 그럼 그 전 직원들은 모두……. 죽……. 죽은 건가요?

고태 사장님……. 그럼 덕만 형님은요? 분명히 분점 내주셔서 나갔다고 하셨잖아요! 그래서, 그래서……. 저희가 도우러 간다고 하실 때 그렇게 말리시고 너무 바빠서 인사도 못 하고 갔다고 하신 겁니까? 어떻게……. 가족이라고 생각했는데……. 왜…….

명태 키우던 개도 9년이면 완전한 가족이라고요. 근데 어떻게…. 설마 우리도 9년이 되면 쥐도 새도 모르게 죽여버리려고 했습니까?

고태 그렇게 죽이고 희생이라고 말씀하실 겁니까? (고태, 사장 멱살을 잡으며) 뭐라고 변명이라도 좀 해봐요. 좀!

유림식당

사장　보는 그대로예요. 다 알아버린 마당에 무슨 변명을 하라
　　　고 참. 그나저나 고태님 아직도 작은 목소리로 말하는 법
　　　을 터득하지 못했습니까? 귀 아파 죽겠네.

　　　사장 가슴에서 칼 한 자루로 고태의 목을 긋는다.
　　　고태 목을 잡고 쓰러진다. 명태, 고태에게 달려온다. 선영 놀라
　　　비명을 지르고 옷으로 고태 목을 지압한다.

사장　이 기자 년이 직업정신 하나는 투철하네? 언제 저런 걸
　　　다 챙겼대?
　　　너 때문에 애먼 사람들까지 죽게 생겼잖아요. 혼자 곱게
　　　죽으면 좀 좋아요?
　　　역시 사람들은 이기적이라니까. 희생정신이란 게 없어요.
명태　이 미친 새끼 지금 뭐라는 거야.
사장　미친 새끼라뇨. 눈이 잘 보이지 않는다고 이젠 정말 보이
　　　는 게 없습니까?
　　　제가 잘 못 보는 명태 씨 때문에 그동안 얼마나 많이 참고
　　　배려했는지 잊었어요?
　　　이거 봐요. 이거 한번 보시라고요.

　　　사장 테이블에 칼을 내려놓고 주머니에서 작은 병을 꺼낸다.
　　　명태 무엇인가 확인하기 위해 다가간다. 사장 병에든 액체를 명

태 눈에 뿌린다.

명태   악! 이게 뭐야!! 내 눈!!! 내 눈에 뭘 뿌린 거야.

사장   어차피 잘 보이지도 않던 눈인데 뭘 그리 호들갑을 떨어
요. 험한 꼴 보느니 차라리 안 보는 게 낫지.

태호   사장님 진정하세요. 왜 이러십니까? 사람 살리는 게 제일
중요하다고 하셨잖아요.

사장   태호 씨, 내가 왜 이러는 줄 몰라서 그러십니까? 대의를
위해 작은 희생을 감수하는 겁니다. 그래야 앞으로도 많
은 사람을 살려낼 수 있지 않겠습니까?
태호 씨 참 마음에 들어서 오래 같이하고 싶었는데…….
인연이 여기까지라 아쉽네요.

그때 선영 테이블 위에 칼로 사장을 찌른다.

사장   이게 미쳤나. 이 쥐새끼 같은 년이 끝까지! 흐흐흐…….
하하하. 아프다, 흐흐흐.
그런데 어쩌나 아직 인육을 안 만져봐서 그런가? 손질 실
력이 영 별로다.

사장 선영에게 달려간다. 태호 명태가 떨어뜨린 칼로 사장 찌른다.

사장   태호 씨……. 역시 의사라 다르네……. <u>흐흐흐</u>……. 아까
             워, 역시 아까워…….

사장 쓰러진다.

선영   태호 씨 이제 다 끝났어요……. 괜찮아요……. 고마워
             요……. 하마터면…….

태호, 선영이 말을 끝내기도 전에 선영을 찌른다.

선영   왜……. 태호 씨……. 왜…….

태호   미안합니다. 선영 씨. (선영의 목을 찌른다.) 선영 씨는 기자잖
             아요. 선영 씨가 너무 많은 걸 알고 있어 이렇게밖에 할
             수 없었습니다. 선영 씨 너무 억울해 마세요. 난 유림식당
             을 이대로 놓치고 싶지 않아요. 내 남은 인생을 걸어서 제
             대로 된 유림식당을 운영해 봐야겠어요. 사장님처럼 절
             대 변하지 않겠습니다. 제가 선영 씨의 희생 또한 헛되지
             않도록 더욱 열심히 노력하겠습니다. (선영 품에 있던 비법 노
             트를 꺼내 보며 가슴에 안는다.) 비법 노트. 이것만 있으면 문제
             없어요. 내가 할 수 있어요. 할 수 있다고요.

명태   뭐야, 태호 씨 무슨 일이야? 응? 대체 일이 어떻게 돌아가
             는 거냐고!!

암전.

태호 유림식당 입간판을 내놓는다. 뒤따라 등장하는 고태 명태.

태호 그렇게 말씀해 주시니 정말 감사드립니다. 다 여러분들
이 잘 참고 견뎌주신 덕분이에요. 이제 우리 세 사람은 정
말 한배를 탔습니다. 잊지 마세요. 자 유림철칙.

태호, 고태, 명태 돈이 먼저가 아니라 신뢰와 믿음으로 유림식
당을 찾는 분에게 행복과 건강을 선사한다. 파이팅!!

고태, 명태 퇴장하고 태호 혼자 남아 유림식당 간판을 보며 회상
한다.

사장 (목소리) 사람을 살릴 방법을 아는데 그냥 가만히 앉아서
기도만 하실 겁니까?
난 기도 안 합니다. 그 기도할 손으로 음식을 만들어서 사
람들을 살리지.
사람을 살릴 방법을 아는데 양심에 조금 찔린다고, 법에 조
금 어긋난다고 죽어가는 사람을 그냥 그대로 두시겠습니까?

암전.

노인을 위한
나라

초판 1쇄 발행   2023. 9. 27.

지은이   위명우
펴낸이   김병호
펴낸곳   주식회사 바른북스

편집진행   황금주
디자인   김민지

등록   2019년 4월 3일 제2019-000040호
주소   서울시 성동구 연무장5길 9-16, 301호 (성수동2가, 블루스톤타워)
대표전화   070-7857-9719 | **경영지원**   02-3409-9719 | **팩스**   070-7610-9820

•바른북스는 여러분의 다양한 아이디어와 원고 투고를 설레는 마음으로 기다리고 있습니다.

이메일   barunbooks21@naver.com | **원고투고**   barunbooks21@naver.com
홈페이지   www.barunbooks.com | **공식 블로그**   blog.naver.com/barunbooks7
공식 포스트   post.naver.com/barunbooks7 | **페이스북**   facebook.com/barunbooks7

ⓒ 위명우, 2023
ISBN 979-11-93341-43-8 03680